# J'Y ÉTAIS

TOUS CES MATCHS QUE L'ON
N'OUBLIE PAS

*À mon père et à tous les papas*
*qui emmènent leur petit garçon pour la première fois*
*dans un stade en leur tenant fort la main*

**Conception graphique et réalisation**
**Olo : Philippe Marchand + Thomas Hamel**

**Couverture : Aurélien Fiaux**


ISBN 979-10-97469-78-8
Dépôt légal : avril 2025



**www.en-exergue.fr**

FSC www.fsc.org MIXTE
Papier | Pour une gestion forestière responsable
FSC® C106107

JEAN-KARL LUCAS

# J'Y ÉTAIS

## TOUS CES MATCHS QUE L'ON N'OUBLIE PAS

*en* exergue.
éditions

## Le courage, c'est quand on transpire et qu'on dit : « Allez ! Allez ! »

César Lucas, 4 ans

Ce livre est une déclaration d'amour au football et aux stades.

J'ai regardé la finale de la Coupe du monde 2018 dans un bar avec des amis. Après avoir fêté la victoire des Bleus dans les rues de Paris, je suis reparti seul dans la nuit, à pied, pour rejoindre mon appartement de Saint-Denis. Entre les Puces de Saint-Ouen et chez moi, il y a une cité tenue par des dealers. Je passais devant tous les jours, depuis des années. Installés dans des fauteuils de fortune en bas des immeubles, guettant le passage de la police, ils me voyaient sans jamais me parler. Nous n'avions aucune interaction. On ne se connaissait pas, on ne se côtoyait pas, chacun restait dans sa réalité.

Cette nuit-là, il n'y avait qu'un seul mec de garde pour tenir l'entrée de la cité, visiblement déçu de ne pas pouvoir, lui aussi, profiter de la joie ambiante. Quand je suis passé devant lui, nous nous sommes regardés. Nous nous sommes souri. Il s'est levé, s'est approché de moi et nous nous sommes pris dans les bras sans nous dire un mot. Après quoi nous sommes chacun reparti vers nos vies si différentes. Quand je suis rentré à la maison, Émilie m'a demandé pourquoi j'étais en pleurs. Je lui ai simplement répondu, entre deux sanglots : « Les gens sont heureux ! »

On n'a jamais autant parlé de foot qu'aujourd'hui. De tactique, de 4-3-3, de pressing et de contre-pressing. Ou alors d'argent, de business, de mercato et de scandales. Mais moi, ce qui m'intéresse, c'est l'unique chose qui rassemble tous les fans de ballon rond, et qui dépasse la couleur du maillot : l'émotion qu'on peut ressentir devant un match et qui nous fait redevenir des petits garçons et des petites filles.

Un grand match, c'est comme un grand événement du monde. On se rappelle tous, fans de foot ou non, où nous étions le 12 juillet 1998 lorsque les Bleus ont remporté leur première étoile. Frédéric, par exemple, que vous allez rencontrer dans ces pages, était au Stade de France ce soir-là. Il a vu, de ses yeux vu, Zidane et Petit inscrire les trois buts de la victoire, comme un autre aurait pu voir le mur de Berlin tomber devant ses yeux. Les trente neuf autres témoins dont vous allez découvrir l'histoire étaient aussi au stade pour un match de légende, pour le match de leur vie, celui dont ils se souviendront toujours. Ils y ont partagé des joies surpuissantes, des peines inconsolables, y ont parfois vécu des drames dont ils ne se sont jamais remis. Ils y étaient et ils nous font revivre à travers leurs souvenirs nos propres émotions.

C'est le foot que j'aime que je vous propose de découvrir. Celui du partage, de la passion. Celui qui rend fou parfois, mais surtout fou de joie. Celui qui fait rêver. Celui qui fait briller les yeux des gamins. Celui qui change la vie. Celui qui rend les gens heureux.

J.-K. L.

FÉDÉRATION FRANÇAISE DE FOOTBALL

**LIGUE NATIONALE DE FOOTBALL**

24, Boulevard de Courcelles, PARIS-17e

CHAMPIONNAT DE FRANCE PROFESSIONNEL

018 avec le concours de But CLUB LE MIROIR DES SPORTS

PREMIÈRE DIVISION

**OLYMP. MARSEILLE — AS ST. ETIENNE**

DIMANCHE 17 MARS 1957

**sur le Terrain du STADE VÉLODROME**

Travée..N..Rang chaise......Place..12

*INVITATION PERSONNELLE*

Ce billet ne peut être vendu

## OLYMPIQUE DE MARSEILLE 4 - 3 AS SAINT-ÉTIENNE

★

### ADVERSAIRES, PAS ENNEMIS

C'est un football romantique mais à jamais disparu qu'Antoine a connu dans sa jeunesse. Un football qui se joue en chaussures montantes en cuir, avec des coutures sur le ballon, et dans lequel le plaisir passe avant le résultat. C'était celui de la fin des années 1950 et de ses stars qui appartiennent désormais aux livres d'histoire : Kopa, Fontaine et Piantoni.
Érudit, doyen honoraire des Universités, Antoine a fait toute sa carrière d'enseignant dans le Pacifique. D'abord à Papeete, où il a créé puis dirigé le Centre universitaire de Tahiti, puis en Nouvelle-Calédonie. Mais c'est de son enfance provençale qu'il tire une passion pour le foot qui le poussait, à 19 ans, à parcourir sur sa bicyclette les quelque trente kilomètres qui séparent Aix-en-Provence, où il vivait, du stade Vélodrome de Marseille. Soixante-sept ans après, le doyen de ce livre me raconte ses souvenirs, précis et vivants, de ce grand classique du Championnat de France.

---

### 36 595 SPECTATEURS... ET ANTOINE PERINI, 86 ANS, RETRAITÉ DE L'ENSEIGNEMENT SUPÉRIEUR

À l'école, dans les années 1950, on n'était pas nombreux à aimer le foot. À l'époque, les sports les plus populaires étaient le cyclisme, bien sûr, et puis aussi l'athlétisme, le basket, le handball, la gymnastique... On parlait très peu de foot dans les journaux. Mais moi, c'était mon sport. J'ai grandi à Aix-en-Provence, alors l'équipe phare était l'Olympique de Marseille. Toujours accompagné par mon copain Jean, j'allais le dimanche voir les matchs au stade Vélodrome.

C'étaient surtout les grands chocs qui m'attiraient, ceux contre le Racing ou le stade de Reims. Mais le plus grand de tous, le Clasico comme on dit aujourd'hui, c'était lorsque l'OM rencontrait

Saint-Étienne. En 1957, j'avais 19 ans, et Marseille avait pris une rouste – il n'y a pas d'autre mot – dans le Forez au match aller cette saison-là. Six buts à trois ! Rachid Mekhloufi, grande star des Verts de l'époque, en avait inscrit trois. Il fallait reconnaître que Saint-Étienne était largement supérieur à l'OM. J'attendais la revanche avec impatience.

Ce 17 mars 1957, peu après le déjeuner, je suis parti d'Aix-en-Provence à vélo. Arrivé à Marseille, j'ai simplement posé ma bicyclette contre le mur du stade Vélodrome et je suis allé acheter une place au guichet. On ne volait pas les vélos à l'époque et j'étais certain de retrouver le mien au même endroit en sortant du match. Pour entrer dans le Vélodrome, il n'y avait pas de sécurité. Tout au plus deux ou trois stadiers qui vérifiaient que vous aviez un billet, comme ça, à la vue. C'était bon enfant. Je me suis installé tout en haut de la tribune latérale, sur un banc en ciment. Il n'y avait personne pour nous placer, on s'asseyait où on voulait. À 15 heures, le coup d'envoi a été donné dans une ambiance folle. Marseille voulait absolument gagner.

C'était un public très populaire. Et très fidèle à l'équipe. Les gens venaient parfois même de Nice ou de Nîmes. Mais à l'époque il n'y avait pas encore de groupes de supporters. Dans les tribunes, pas de tambours, pas de chants. Je me souviens qu'on scandait juste les noms des joueurs quand ils avaient le ballon dans les pieds ! À l'OM, l'idole s'appelait Gunnar Andersson. C'était vraiment un phénomène. Il avait la classe. Il a fini sa vie bien mal : il est mort d'une crise cardiaque dans une rue de Marseille à la fin des années 1960, à seulement 41 ans. Sa consommation de pastis était légendaire... Mais ce 17 mars 1957, il était inarrêtable et en première période il avait déjà marqué trois buts. 3-0 pour l'OM ! Impensable !

À la mi-temps, des vendeurs passaient dans les tribunes avec des bonbons, des caramels et surtout des cacahouètes. C'était la mode à Marseille, les cacahouètes ! Lorsque les joueurs de Saint-Étienne sont revenus sur la pelouse, j'ai tout de suite compris que le match ne serait pas le même en deuxième mi-temps. À raison : en six petites minutes, Rachid Mekhloufi inscrivait un triplé extraordinaire. Le

Vélodrome était plongé dans le silence. Bon sang, ça rentrait comme dans du beurre ! Je me souviens surtout du deuxième but : sur une passe du Camerounais Eugène N'Jo Léa, Mekhloufi envoyait une reprise de volée magnifique au fond des filets marseillais. Tout le public s'était mis à l'applaudir. En ce temps, il n'y avait pas de haine de l'adversaire. Ni de racisme, d'ailleurs. Je me rappelle qu'il y avait quelques supporters des Verts ce jour-là dans le stade. Mais il n'y avait pas de tribune attitrée pour les fans de l'équipe adverse. On était tous mélangés. Et ça se passait toujours très bien. On encourageait les nôtres mais quand l'autre équipe jouait bien, on savait le reconnaître. Il y avait le respect de la performance. Lorsque seulement deux minutes après l'égalisation de Saint-Étienne Andersson marquait le quatrième but de l'OM, redonnant vie au stade Vélodrome, j'ai vu Rachid Mekhloufi féliciter le buteur marseillais en lui donnant une petite tape derrière la tête. À l'époque, les joueurs adverses n'étaient pas des ennemis, ils étaient des adversaires.

4-3 pour l'OM. Il fallait tenir. De nos jours, les spectateurs seraient au comble du stress dans un tel scénario. Ils auraient les yeux rivés à leur montre. Mais à l'époque, on attendait simplement de voir ce qui allait se passer, sans tension. Il faut dire qu'on ne savait pas le temps qu'il restait à jouer : il n'y avait même pas d'horloge dans le stade ! Le foot, c'était un loisir. Pas un business comme aujourd'hui.

Le jeu était beaucoup moins tactique. Toutes les équipes étaient disposées de la même manière : trois défenseurs, deux milieux et cinq attaquants. C'était un football très offensif et les joueurs étaient libres de leurs mouvements. Mais malgré de nombreuses occasions, le score n'a plus bougé. À la fin du match, les joueurs ne sont pas venus saluer les spectateurs, ça ne se faisait pas à l'époque. Il n'y avait pas vraiment de relations entre joueurs et supporters. Ils rentraient simplement aux vestiaires, sans même un regard vers les tribunes. C'était comme ça. Moi, j'étais heureux de la victoire, je l'étais encore plus d'avoir vu un beau match de football. Je suis reparti chez moi sur mon vélo. Mais autant à l'aller la route ne faisait que descendre jusqu'à Marseille, autant il fallait tout remonter au retour... La côte de Septèmes-les-Vallons à huit heures du soir, c'était difficile, croyez-moi !

MEXICO 70
estadio
azteca
IX CAMPEONATO
MUNDIAL
DE FUTBOL
FINAL
JUNIO 21
a.m.
1
32
41055
C
$ 60.00

FINALE DE LA COUPE DU MONDE
**21 JUIN 1970, ESTADIO AZTECA (MEXICO, MEXIQUE)**

## BRÉSIL 4 - 1 ITALIE

★

### LA FIN D'UNE ÉPOQUE

Mon père m'a souvent parlé de cette finale quand j'étais gamin. Ça l'avait profondément marqué. Il avait 16 ans mais la passe aveugle de Pelé sur le quatrième but, le signe de croix de Jairzinho sur le troisième qu'il s'amusait à mimer sont restés gravés dans sa tête. Ce match a changé l'histoire du football, couronnant une Coupe du monde grandiose et pour la première fois en couleur. La légende du Roi Pelé peut briller à jamais, personne ne la remettra en cause, pas même Kylian Mbappé que Michel, qui a bien connu le génial Brésilien, considère pourtant comme son successeur.
Michel aussi est une légende. De la télévision et des variétés, bien sûr. Mais ce qu'on sait peut-être moins aujourd'hui, c'est qu'il a commencé sa carrière en tant que commentateur sportif. Avec succès, puisqu'il a commenté cinq Coupes du monde, entre 1970 et 1986. Je passe avec bonheur trente minutes avec lui, buvant ses paroles et touché par l'émotion dont il fait encore preuve cinquante-quatre ans après lorsqu'il me raconte ses souvenirs d'un match à l'atmosphère incandescente.

---

### 107 412 SPECTATEURS... ET MICHEL DRUCKER, LUI-MÊME, 81 ANS

Mon premier métier, ça a été commentateur sportif. Le foot m'a fait vibrer et m'a été très utile plus tard. J'ai rarement éprouvé des émotions aussi importantes que dans un stade, d'autant plus que le reportage sportif est extraordinaire car on ne connaît pas le scénario à l'avance. Tout peut arriver. C'est l'école du direct et ça m'a beaucoup apporté. Si j'ai fait le parcours que vous connaissez ensuite, c'est parce que j'ai beaucoup appris en commentant le football.

Enfant, j'étais supporter du stade Malherbe de Caen. L'ancien stade de Venoix, c'est le stade de mon enfance. Quand je suis arrivé au service des Sports de l'ORTF, le commentateur titulaire était Thierry Roland. Il m'a pris sous son aile et m'a emmené au Parc des Princes pour voir jouer le grand Racing. Quand Mai 68 est arrivé, on avait besoin de commentateurs, donc on m'a fait faire quelques essais. Et puis j'ai été viré, comme beaucoup de journalistes qui avaient fait grève. À l'époque, de Gaulle appelait l'ORTF « ma télé » ! Mais ces années 1968 et 1969 m'ont préparé à ma première Coupe du monde. J'ai donc commenté ma toute première finale de Mondial le 21 juin 1970 à Mexico.

C'est sans aucun doute mon plus grand souvenir. Un souvenir indélébile. C'était la dernière Coupe du monde de Pelé. Et la première retransmise en mondovision et en couleur. Il y avait ce jour-là une ambiance délirante. Une atmosphère de folie totale. Tout le stade était pro-brésilien. J'étais très ému. Je me souviens que je suis arrivé au stade Aztèque très tôt. J'avais conscience que j'allais commenter un match qui allait entrer dans l'histoire.

Il n'y avait pas la technique de maintenant, pas de ralentis comme aujourd'hui, peu de caméras. J'étais installé tout en haut de la tribune de presse alors je m'étais acheté une paire de jumelles pour être sur le coup. Aujourd'hui, on ne loupe rien, il y a tellement d'angles de vues différents pour revoir les phases de jeu. Mais à l'époque il ne fallait pas se tromper ! Je m'y suis préparé longtemps à l'avance. La mode des consultants est arrivée bien plus tard.

Le public latino-américain est totalement à part. Ce 21 juin 1970, je me suis retrouvé à côté des commentateurs brésiliens. C'était absolument délirant : lorsqu'il y avait un but, ils se mettaient à crier « Goooooooooool » pendant parfois deux minutes ! Et puis il n'y a pas plus chauvin qu'eux. Dès que Pelé touchait le ballon, c'était un événement. Le foot, c'est une religion pour les Brésiliens. Les spectateurs, comme les journalistes d'ailleurs, étaient pris d'une folie absolue. Je me souviens qu'on était électrisés. Je dois dire que je m'y étais préparé comme pour une messe.

Lorsque je suis arrivé au Mexique en cet été 1970, j'ai été invité au déjeuner d'inauguration avec le président de la Fifa car j'étais le plus jeune commentateur. Ça se voyait d'ailleurs : j'avais l'air d'un gamin ! Et puis le hasard de la vie a fait que j'étais logé à l'hôtel Camino Real, comme les joueurs brésiliens. C'est comme ça que j'ai sympathisé avec Pelé. Plus tard, j'ai joué avec lui lors d'un match de bienfaisance. J'ai dans mon bureau à Paris une photo qui immortalise ce moment. Je jouais avec Belmondo dans une équipe qui s'appelait les Polymusclés-Intermittents. Au stade Maurice-Dufrasne de Liège, ce jour-là, j'avais à mes côtés Ferenc Puskás*, Raymond Kopa et Pelé, qui m'a fait marquer deux buts : il m'a donné deux caviars ! On est devenus amis. J'étais privilégié ; quand il venait à Paris, il disait : « Je veux faire l'émission de mon copain. » C'est une époque qui a marqué ma vie.

Pelé, c'était un magicien. Dès qu'il touchait le ballon, il y avait danger. Il jouait aussi sans le ballon. Il attirait beaucoup de défenseurs sur lui. C'était l'homme à abattre. Je me souviens l'avoir vu dans les vestiaires après un match. Il enlevait les bandelettes qui tenaient ses chevilles, elles étaient gonflées tellement il avait pris de coups. Il avait la vitesse, une impulsion incroyable, et il était bon des deux pieds. Surtout, il s'amusait. Les Brésiliens étaient considérés comme des artistes. Ils jouaient. Pendant cette finale, on avait l'impression qu'il n'y avait pas d'enjeu, qu'ils étaient là pour se marrer. Sauf qu'ils le faisaient devant deux milliards de téléspectateurs ! Et puis à l'époque on pouvait encore approcher les joueurs. Aujourd'hui, il faut trois avocats pour obtenir une interview.

Je me souviens avec une grande précision de tous les buts de cette finale. Celui de Pelé, d'abord, qui saute plus haut que le géant libero italien Facchetti pour marquer de la tête. De l'égalisation de Boninsegna, ensuite, qui envoie le ballon dans le but abandonné par le gardien brésilien Felix. Puis celui de Gérson, qui ne voyait pourtant que d'un œil, d'une frappe puissante du gauche. Et puis du troisième but brésilien marqué par Jairzinho, qui plus tard jouera à Marseille, et enfin celui de Carlos Alberto, qui scelle le sort du match sur une nouvelle passe magique du Roi Pelé. Le match terminé, le terrain a été envahi. Pelé a mis beaucoup de temps à quitter la pelouse. C'était très émouvant de le voir en larmes, torse nu, disant au revoir à une planète qui chavirait de chagrin. On savait que c'était la fin d'un grand artiste. La fin d'une époque.

Je suis resté très longtemps dans la tribune. Le stade a mis du temps à se vider. J'avais l'impression que les gens voulaient étirer ce moment, se dire qu'ils y étaient. J'ai dû rester encore deux bonnes heures après le match.

Je ne suis pas rentré tout de suite en France après la finale. Pendant les trois semaines qui ont suivi, je me souviens que les confrères et moi, on en parlait tout le temps. Les journalistes sont de grands enfants : ils continuent de commenter le match même quand il est terminé.

La finale de la Coupe du monde en 1978 a aussi été un grand souvenir pour moi. Le 25 juin, j'étais à mon poste de commentateur au stade Monumental de Buenos Aires, mais les joueurs hollandais sont arrivés sur le terrain avec dix minutes de retard, faisant attendre leurs adversaires argentins, pour protester contre la dictature du général Videla. Ça a jeté un froid sur toute la planète. Pendant le Mondial, j'étais logé à Buenos Aires sur la place de Mai où tous les jours des femmes venaient réclamer les dépouilles de leurs maris. On jouait au foot en surface et on torturait dans les vestiaires. Les grandes émotions sportives que j'ai pu ressentir dans ma vie sont bien sûr liées aux matchs, mais aussi à l'environnement dans lequel ils avaient lieu.

J'ai commenté mon dernier match le 21 juin 1986 pour un quart de finale de Coupe du monde entre la France et le Brésil. De nouveau au Mexique. Vingt-six ans, jour pour jour, après la finale de Mexico. La boucle était bouclée. Avec mon consultant de l'époque, Roger Piantoni, on a assisté à la belle victoire des Français, grâce au dernier tir au but inscrit par Luis Fernandez.

Aujourd'hui, je regarde les matchs à la télé. C'est tellement bien retransmis. Je dois avouer que de temps en temps, pour tester ma mémoire, je coupe le son et je commente pour voir si je suis raccord ! J'ai toujours aimé ça. C'est une partie de ma vie très importante. Pour moi, un match de foot, c'est un spectacle. Mon école, c'était Roger Couderc**, qui considérait que le reportage télé doit être une fête. Alors je ne portais pas de jugement sur les joueurs comme on peut le faire maintenant en leur donnant des notes. Je faisais vivre le match avec le plus de passion possible. Les gens m'en parlent souvent. Ils se souviennent de mes commentaires. Je vivais ça à chaque fois comme un événement exceptionnel.

En 1998, le patron de France Télévisions, Marc Tessier, m'a dit un jour de janvier : « Michel, il faut reprendre le micro. » Moi, je n'avais pas commenté de match depuis douze ans, mais la Coupe du monde était en France… J'ai beaucoup hésité. Platini m'avait dit d'y aller. J'avais même réfléchi à mon consultant, un ancien très grand joueur. Mais j'ai eu peur de ne plus être dans le coup, de ne pas être au point. Depuis 1986, il y avait une nouvelle génération de commentateurs excellents qui était arrivée sur Canal+. Finalement, je ne l'ai pas fait. Mais je l'ai regretté quand les Bleus sont allés au bout.

---

* Star de l'équipe nationale hongroise des années 1950 et l'un des meilleurs joueurs de l'histoire.

** Journaliste sportif mythique de la télévision française, plutôt spécialisé dans le rugby. Il est mort en 1984.

SOUTH WEST STAND

Enter at turnstiles
(See Plan on Back)

F

THE SCOTTISH FOOTBALL ASSOCIATION LIMITED

**European Champion Clubs' Cup Final Tie**

HAMPDEN PARK, GLASGOW
on WEDNESDAY, 12th MAY, 1976
KICK-OFF 8.15 p.m.

PRICE £6.00
inc. V.A.T.

This portion to be retained
Ticket sold subject to conditions on back

Row AA

Seat No. 74

## AS SAINT ÉTIENNE 0 – 1 BAYERN MUNICH

★

### BON ANNIVERSAIRE QUAND MÊME

Existe-t-il match plus mythique que ce Saint-Étienne-Bayern Munich de 1976 ? J'ai si souvent entendu mon père et mon oncle me faire l'apologie de la grande épopée des Verts des années 1970, qui aura fait vibrer la France entière et qui aura connu son apogée lors de cette finale de Glasgow. Les légendaires poteaux carrés des buts de l'Hampden Park resteront à jamais une plaie ouverte et on se demandera pour l'éternité si Saint-Étienne aurait gagné la Coupe d'Europe si les poteaux avaient été ronds. Larqué, Bathenay, Rocheteau, Revelli… Autant de noms inscrits à jamais dans l'ADN de tout fan de foot français.

Je suis particulièrement ému de passer une heure avec Guy. L'entendre me parler de cette finale, c'est un peu comme s'il me racontait avoir vu les Beatles en concert !

Il y a son amour des Verts, toujours prégnant, et il y a aussi son amour des Bleus. Pour l'Euro 1984 et le Mondial 2006, Guy est au stade à tous les matchs des Français. En 1998, il assiste à vingt-deux rencontres de la Coupe du monde ! Et en 2018, il est bien sûr à Moscou pour voir les Bleus remporter leur deuxième étoile. À 73 ans, Guy continue de suivre avec assiduité l'équipe de France presque partout. Mais rien ne remplacera jamais dans son esprit ce Saint-Étienne-Bayern Munich immortel.

---

### 54 863 SPECTATEURS… ET GUY GIMENEZ, 73 ANS, RETRAITÉ DE LA SNCF

J'ai toujours aimé le foot, l'ambiance des stades. Mon père m'a emmené voir jouer l'équipe de France pour la première fois au stade de Colombes en 1959 ou 1961. C'était pour un France-Belgique. Je vivais en région parisienne mais je me suis pris d'une passion pour Saint-Étienne, comme beaucoup de Français, au début des années 1970. J'écoutais les matchs à la radio, commentés par Jacques Vendroux*. J'avais l'impression d'y être.

À l'époque, l'AS Saint-Étienne proposait régulièrement des forfaits qui comprenaient une place pour le match et le trajet en train. Le club organisait des voyages pour amener les supporters qui vivaient hors du Forez au stade Geoffroy-Guichard. Employé à la SNCF, j'ai travaillé un jour dans l'un de ces trains. Arrivé à Saint-Étienne, je devais attendre le retour des spectateurs pour repartir à Paris après le match mais un responsable m'a proposé de les accompagner au stade. C'est comme ça que je suis entré pour la première fois dans le stade Geoffroy-Guichard. C'était le 17 mars 1976 pour le quart de finale retour de la Coupe d'Europe entre les Verts et le Dynamo de Kiev.

Je n'avais jamais entendu autant de bruit. C'était une marmite surchauffée. C'était terrible. On ne pouvait pas s'entendre, même serrés les uns contre les autres. Derrière les buts, il n'y avait pas de rambarde. La tribune était comme un escalier en terre, il y avait juste la place de mettre les pieds, puis des planches de bois nous permettaient de nous asseoir. Peu importe, tout le monde était debout. Je me souviens du fameux tacle du défenseur Christian Lopez, empêchant la star ukrainienne Oleg Blokhine de tuer le match. Lorsque Dominique Rocheteau a inscrit au bout des prolongations le but qui qualifiait les Verts pour les demi-finales, tous les supporters ont dégringolé la tribune jusqu'en bas, dans une vague de bonheur magnifique. C'est avec des étoiles plein les yeux que je suis rentré à Paris après cette formidable soirée.

Quelques semaines plus tard, les Verts éliminaient le PSV Eindhoven et se qualifiaient pour la première finale européenne de leur histoire. J'ai envoyé un chèque à la billetterie du club. À l'époque, les places coûtaient vingt-deux francs. J'ai reçu mon ticket pour la finale quelques jours plus tard. Voilà. C'était aussi simple que ça.

Je suis parti la veille du match. J'ai pris un train à la gare du Nord de Paris pour Boulogne-sur-Mer. Puis un ferry m'a amené à Douvres. Arrivé en Angleterre, j'ai dû passer la douane. Les Anglais étaient un peu énervés. J'ai ensuite pris un nouveau train pour Londres, puis un métro pour changer de gare et enfin un tout dernier train jusqu'à Glasgow. J'ai mis presque vingt-quatre heures pour arriver en Écosse ! Une horde de flics à cheval attendaient les supporters français. Ils ont fait deux colonnes, nous ont placés au centre et nous ont escortés jusqu'au stade. On ne déconnait pas, on restait bien dans notre ligne mais on chantait, c'était bon enfant.

Ce 12 mai 1976, je rentre dans le vieux Hampden Park deux heures avant le coup d'envoi. Pas de fouille, pas de tourniquets, pas de barrage : je montre simplement mon billet à un agent posté devant une porte étroite qui laisse passer les spectateurs un à un. Dès que je pénètre dans le stade, je remarque que les tribunes sont aux trois quarts vertes. Les supporters de Saint-Étienne sont venus en grand nombre mais je comprends que les Écossais sont aussi avec nous. Ils ne nous en veulent pas d'avoir éliminé les Glasgow Rangers dans ce même stade en huitième de finale. Il faut dire que Saint-Étienne pratique un football offensif et rafraîchissant qui contraste avec le jeu rugueux des Munichois. Je me souviens du moment où les joueurs arrivent sur la pelouse pour s'échauffer. Tout le monde se lève et crie son amour des Verts. J'ai des frissons.

Dans les tribunes, ça chante en permanence. On a tous le sentiment très fort que cette Coupe ne peut pas nous échapper. Le Bayern nous a battu l'année précédente en demi-finale alors cette fois ce match est pour nous. La partie commence et les Verts nous donnent raison : ils dominent. Ça nous enflamme encore plus : on va gagner, c'est sûr !

À la 34e minute, Dominique Bathenay envoie une frappe puissante sur la barre transversale. Le ballon revient sur Hervé Revelli qui reprend de la tête sur le gardien allemand Sepp Maier qui, malheureusement, s'en empare. Cinq minutes plus tard, Christian Sarramagna adresse un centre tendu sur la tête de Jacques Santini. Je suis placé au niveau d'un poteau de corner et je vois parfaitement le ballon s'écraser à nouveau sur la barre transversale. Les poteaux viennent par deux fois de repousser les espoirs stéphanois. Ce soir-là, je ne pense pas une seconde au fait qu'ils soient carrés. D'abord, pour être honnête, je ne les remarque pas. Pourtant, c'est une rareté car la majorité des grands stades européens est déjà équipée de poteaux arrondis en 1976. Ce n'est qu'en rentrant en France que j'en entends parler. Après coup, certains ont laissé entendre que des poteaux ronds auraient laissé entrer le ballon sur ces deux occasions. On ne le saura jamais.

Malgré tout, je reste confiant. Tout le monde en tribune y croit dur comme fer. Le grand Bayern Munich, vainqueur l'année précédente, est acculé sur ses buts. Honnêtement, jusqu'à la toute dernière minute, je pense qu'on va gagner. La mi-temps arrive, toujours 0-0. Pendant la pause, on va boire quelques bières, en vente libre dans le stade. Il y a des Écossais autour de nous, on n'hésite pas à se mélanger avec eux, c'est festif, gentillet.

En deuxième mi-temps, Saint-Étienne continue de dominer. Jusqu'à la 57e minute. Coup franc pour le Bayern à vingt-cinq mètres des buts stéphanois. Je vois bien Franz Roth s'élancer et frapper le ballon. Les filets de Ivan Ćurković tremblent. Stupeur dans le stade. Je vois tout de suite Jean-Michel Larqué se précipiter sur l'arbitre. Roth a frappé avant le coup de sifflet de M. Palotai. Le coup franc doit être rejoué mais l'arbitre hongrois ne veut rien savoir. Le but est accordé. 1-0 pour le Bayern.

L'abattement est total pendant les cinq minutes qui suivent. Sur le terrain comme dans les tribunes. Mais Saint-Étienne repart à l'attaque. Tout le monde pousse pour les Stéphanois, Écossais et Français confondus. On n'entend pas les Allemands dans le virage en face de moi. Les joueurs du Bayern, emmenés par le Kaizer Franz Beckenbauer, défendent de tous les côtés. Ils tiennent bon et repoussent toutes les tentatives des Verts.

À la 83e minute, Dominique Rocheteau fait enfin son apparition. Blessé lors de la demi-finale, il ne peut jouer que sept minutes. C'est la folie dans le stade. C'est la star. Un peu comme aujourd'hui avec Mbappé, on sait qu'il va tout changer. Et effectivement, il met le feu dès son entrée ! Il provoque trois grosses occasions. Mais rien n'y fait. Saint-Étienne ne marque pas.

Rocheteau, c'était vraiment un ange**. Toute sa vie de footballeur il a pris des coups sans arrêt mais n'a jamais répondu. Je crois qu'il n'a reçu qu'un seul carton jaune dans toute sa carrière***. Lorsque j'ai eu 50 ans, j'ai organisé une grande fête. Tous mes amis sont venus déguisés en joueurs de Saint-Étienne. L'un avait le maillot de Larqué, un autre, celui de Bathenay, un autre encore, celui de Piazza. L'une de mes amies avait croisé un jour Dominique Rocheteau. Elle lui avait demandé de m'écrire pour l'occasion une lettre manuscrite que j'ai devant les yeux :

« Les grandes équipes ne meurent jamais,
les joueurs et les supporters poussent toujours
mais jamais on ne se lasse.
En souvenir des belles années de
Saint-Étienne. Que les verres d'aujourd'hui
te rendent aussi joyeux que les Verts d'hier.
Voilà pourquoi mon cher Guitou :
bon anniversaire quand même !
Dominique Rocheteau. »

Le match se termine. Je suis vachement triste. On est tous un peu en colère : encore une fois la chance est favorable aux Allemands. Pourtant ils n'ont pas bien joué et ils ne méritent pas de gagner cette finale. J'ai le sentiment que l'arbitre aurait pu être un peu plus juste sur ce fameux coup franc.

Je suis resté pour la remise de la Coupe. Je ne pouvais pas manquer ça, c'était une finale de Coupe d'Europe, la seule que je ferais de toute ma vie. Lorsque les joueurs de Saint-Étienne sont venus chercher leurs médailles de finalistes, le stade a applaudi à tout rompre. Même tristes, les joueurs sont venus nous saluer.

J'ai repris rapidement un train pour Londres. Encore vingt-quatre heures de voyage et j'ai retrouvé ma jeune épouse le lendemain soir. Nous venions tout juste de nous marier.

C'était un match extraordinaire que jamais on n'aurait dû perdre. Ça laisse des regrets à vie. J'avoue que j'y repense souvent. Pendant plus de trente ans, j'ai gardé mon billet de la finale que j'avais toujours avec moi dans mon portefeuille. Et puis un jour, j'ai changé de portefeuille… et le ticket a disparu. Je ne sais pas ce que j'ai bien pu en faire. Je m'en souviens bien : il était vert.

---

* Journaliste et homme de radio, commentateur notamment sur France Inter.

** Dominique Rocheteau était surnommé « l'Ange vert ».

*** En réalité, il en a reçu… deux !

S.E.C.B.
Stade A. - Césari - FURIANI
½ FINALE COUPE D'EUROPE U.E,F.A.
S. E. C. BASTIA
GRASSHOPPERS de ZURICH
MERCREDI 12 AVRIL 1978
Latérale Sud A
№ 00211
Vous êtes en possession d'un billet qui vous donne l'autorisation d'occuper une place numérotée ci-dessus à l'exclusion de tout autre

DEMI-FINALE RETOUR DE LA COUPE DE L'UEFA
**12 AVRIL 1978, STADE ARMAND-CESARI (FURIANI, CORSE)**

## SC BASTIA 1 – 0 GRASSHOPPER ZURICH

★

### DU CÔTÉ DES MONTAGNES

Beaucoup l'ignorent, mais le SC Bastia fait partie des rares clubs français à avoir disputé une finale de Coupe d'Europe. C'était en 1978 en Coupe de l'UEFA. À l'époque, Bastia n'était que le troisième club français à réussir un tel exploit après Reims et Saint-Étienne. Depuis, seuls quatre clubs se sont ajoutés à la liste. C'est dire l'exploit considérable des Bastiais, menés par l'idole corse Claude Papi, qui entrent dans la légende un soir d'avril en éliminant Zurich dans un stade de Furiani en fusion, comme souvent. Un souvenir immortel pour tous les Corses.
Joseph s'en souvient d'autant plus qu'il est un habitué des lieux. Toujours en poste au SC Bastia à 84 ans, il est la mémoire du club. Il me raconte avec élégance et parfois même avec lyrisme la folie qui s'est emparée de l'île ce jour béni de 1978.

---

### 30 000 SPECTATEURS… ET JOSEPH BONAVITA, 84 ANS, TEAM MANAGER AU SC BASTIA

Je suis né à Bastia. Le football, ça a toujours été ma passion mais je n'étais pas bon sur le terrain. Alors je suis devenu éducateur. Je m'occupais des gamins de 5 à 8 ans. Puis, je suis devenu arbitre dans la ligue Corse pendant dix ans. J'ai même été président d'un petit club à côté de Bastia. Finalement, j'ai fait mon entrée au Sporting Club de Bastia après la finale de la Coupe de France que nous avons gagnée en 1981. Je ne suis jamais parti.

Je suis allé au stade Armand-Cesari pour la première fois en… 1947 ! J'avais 8 ans et j'ai tout fait pour convaincre ma mère de me laisser accompagner mon frère, qui jouait au Sporting et avait dix ans de plus que moi. Il y avait des gradins en mâchefer, une petite tribune de cent cinquante places, pas plus. C'était le vrai amateurisme mais c'était aussi le seul vrai stade de football en Corse. Sur une attaque, mon frère a pris le genou du gardien adverse de plein fouet. Son rein a explosé sur le coup. Il a dû être opéré mais n'a plus jamais joué. Sacrée première !

Sur l'île, la seule distraction qu'on avait, c'était le foot. En Corse, il y a des clubs partout, jusque dans le moindre village. Mais Bastia, c'est le club de la Corse. C'est une passion universelle. Même si aujourd'hui Ajaccio rivalise avec Bastia, le Sporting a toujours été la locomotive du football corse. J'ai vécu tellement d'émotions fortes à Furiani... L'ambiance y est toujours très chaude. C'est vivant, ça vibre. Les élites du football à Paris ne l'ont jamais compris. D'ailleurs le club est souvent sanctionné par la Ligue de football professionnel !

En 1978, quand Bastia a commencé son épopée européenne, ça n'intéressait pas grand monde sur le continent. Pas une ligne sur notre premier tour contre Lisbonne. Et puis on a battu Newcastle. Pour la première fois, un club français l'emportait un club anglais sur son terrain. C'est là qu'on a commencé à parler de Bastia dans les journaux. On a éliminé ensuite le Torino, une très grande équipe à l'époque. Puis on s'est qualifiés pour les demi-finales face à un club de RDA, Iena. Le tirage au sort, effectué au siège de l'UEFA à Zurich, nous a donné comme adversaires... les Grasshopper de Zurich ! Mais pour la première fois de notre aventure européenne, le match aller aurait lieu chez nos adversaires, un avantage puisqu'à l'époque le but à l'extérieur comptait double. Et puis on jouerait enfin le match décisif chez nous.

Le 29 mars, Bastia s'est incliné sur la pelouse de Zurich trois à deux. On n'avait donc besoin que d'un petit but au match retour pour faire l'exploit. Pierre Cahuzac, l'entraîneur bastiais, organisait des matchs amicaux le mercredi entre les joueurs de l'effectif professionnel pour préparer l'équipe qui allait jouer le week-end. Il me demandait de venir arbitrer car il voulait que ce soit exactement comme en match officiel. Les joueurs étaient divisés en deux : les maillots bleus d'un côté et les maillots noirs de l'autre. Cahuzac appelait les uns l'équipe des possibles et les autres, l'équipe des probables ! Je peux te dire qu'ils allaient au charbon pour gagner leur place dans le onze titulaire ! Ça castagnait !

Ce 12 avril 1978, tout le monde attend le match avec impatience. Les billets se sont vendus comme des petits pains. Dans la ville, chacun est en bleu et blanc, les couleurs du club. Je me souviens que les commerçants font un concours de vitrines. C'est à qui installera le plus de drapeaux, le plus de ballons. Moi, j'arrive à Furiani bien avant le coup d'envoi. Je m'installe derrière un but, du côté des montagnes. Déjà les spectateurs sont serrés comme des sardines. Furiani est plein à craquer. Tout le peuple bleu s'est donné rendez-vous. Toute la Corse, même. Une sirène hurle sans cesse, des coups de klaxons retentissent sans discontinuer. Toutes les minutes, une explosion sourde résonne. Ce sont des canons qui d'ordinaire sont installés dans les champs pour faire fuir les oiseaux ! Un animateur contourne le terrain en courant, son drapeau à la main. Les gens sont partout. Certains ont même réussi à grimper sur le toit de la tribune nord ! D'autres montent aux pylônes électriques, au risque de tomber ou de s'électrocuter.

On domine largement la première mi-temps. Mais le score est toujours de zéro à zéro à la pause. C'est Zurich qui se qualifie. Il nous faut absolument marquer ce petit but qui nous manque. La partie reprend. Sur une action offensive, le ballon est renvoyé par la défense suisse sur Claude Papi. Nous jouons alors la 78e minute. Papi, des vingt-cinq mètres, envoie du pied droit un missile, un tir terrible qui bat le gardien helvétique. Le stade se soulève. Quinze mille supporters laissent éclater une clameur qui monte dans le ciel corse. Une joie longtemps contenue enfin libérée. Bastia fait son entrée au paradis. Magnifique. Des spectateurs sautent sur la pelouse, et il faut l'intervention conjointe de notre entraîneur et du directeur sportif du club pour qu'ils acceptent de retourner à leurs places.

Le jeu reprend. Je ne tremble pas : Bastia domine jusqu'à la fin du match. Aux trois coups de sifflet de l'arbitre, c'est l'apothéose. Cette fois-ci, personne ne peut empêcher les supporters d'envahir le terrain. À l'extérieur du stade, des coups de fusil se font entendre. Ça tire tous azimuts ! Tellement que certains sont à court de munitions ! Ce soir-là, il vaut mieux ne pas se pencher aux fenêtres. Des voitures arborant des banderoles et des drapeaux déferlent dans la ville. C'est une fête fantastique.

La finale se jouait à l'époque sur deux matchs. Le 27 avril, Bastia affrontait le PSV Eindhoven à Furiani. Les dieux du foot n'étaient pas avec nous ce jour-là. Il avait plu des torrents sur la Corse. Lorsque l'arbitre est sorti des vestiaires pour voir le terrain, il a lancé le ballon... qui a fait plouf ! Il n'a même pas rebondi tellement la pelouse était détrempée. Bon, il a décidé que le terrain était tout de même praticable. Il faut dire que le calendrier ne permettait pas de décaler le match, la Coupe du monde en Argentine arrivait quelques semaines plus tard. Malgré notre domination, les deux équipes sont restées à égalité, zéro à zéro. Avant le match retour, Bastia a joué trois matchs en seulement sept jours. Le club avait demandé à décaler au moins un match mais les instances parisiennes n'ont rien voulu savoir. Le football français avait-il peur que Bastia gagne la Coupe d'Europe ? Toujours est-il que nos joueurs sont arrivés à Eindhoven complètement vidés. Ils furent balayés trois à zéro. C'en était fini de la grande aventure européenne du Sporting Club de Bastia.

Bastia a été le détonateur du football français. Après ça, les autres clubs se sont mis à y croire eux aussi. Quelques années plus tard, Metz est même allé battre Barcelone ! Cette épopée de 1978, on en parle toujours au coin du feu, ici, en Corse. La statue de Claude Papi accueille aujourd'hui les supporters devant le stade Armand-Cesari. Papi, c'est notre légende. Il a toujours refusé de partir de Bastia, malgré les offres alléchantes des autres clubs. Mais l'argent, il s'en foutait. Son bonheur, c'était de vivre chez lui, en Corse, d'aller à la chasse et d'être entouré de ses amis. Il est mort en 1983 pendant une partie de tennis. Il avait 33 ans.

J'Y ETAIS
J'Y ETAIS

COPA MUNDIAL - FIFA - ESPAÑA 82
FIFA
SEVILLA
Estadio
Sánchez Pizjuán
8
JULIO
JULY
JUILLET
JULY
SEIKO
21:00 00
Sector
Block
Secteur
Abteilung
405
F.N.M.T.
Fila
Row
File
Reihe
3
Asiento
Seat
Place
Sitz
291
PRECIO · PRICE
PRIX · PREIS
— 2.000 pesetas —
Puerta
Gate
Porte
Tor
22
SEMIFINALES
SEMI-FINALS
DEMI-FINALES
HALBFINALE
Partido
Game
Match
Spiele
50
000903

DEMI-FINALE DE LA COUPE DU MONDE
**8 JUILLET 1982, STADE RAMÓN SÁNCHEZ PIZJUÁN (SÉVILLE, ESPAGNE)**

# FRANCE 3 – 3 RFA

( 4-5 T.A.B. )

★

## UN COMBAT POUR LA JUSTICE

Je suis né deux semaines avant cette demi-finale, la première du football français depuis 1958. Pourtant, je la connais par cœur. Combien de fois ai-je entendu mon père me raconter l'agression du gardien allemand Harald Schumacher sur le pauvre Patrick Battiston, assommé et sorti sur une civière sans réaction de l'arbitre. Et me répéter : « On a vécu toutes les émotions en un match. » L'espoir, la joie, la détresse, la peur, la colère, le bonheur, le désespoir… Tout ça en cent vingt minutes légendaires. La France mène trois à un pendant les prolongations avant de se faire rejoindre puis de perdre aux tirs au but. Un regret éternel pour Platini, Giresse, Tigana et toute une génération de joueurs flamboyants.

J'ai eu les pires difficultés à trouver un témoin de ce match. Et pour cause : il n'y avait que peu de Français ce soir-là au stade Ramón Sánchez Pizjuán de Séville. Quelques centaines, tout au plus. Et il n'y avait pas d'associations de supporters comme aujourd'hui pour encadrer les déplacements. C'est à Sydney, où il entraîne les gardiennes de l'équipe nationale australienne, que j'ai finalement trouvé Dominique. Je l'ai écouté se replonger dans ses souvenirs toujours aussi douloureux plus de quarante ans après. Au point de n'avoir jamais voulu revoir le match. Le football l'a fait voyager partout autour du globe, lui qui a assisté à dix coupes du Monde. Mais ce France-RFA de 1982 reste pourtant toujours à ce jour le plus grand souvenir d'émotion de sa vie. « Un match étalon », me confie-t-il. Et c'est en larmes qu'il finit notre entretien.

J'ai eu la bonne surprise de rencontrer un autre témoin privilégié de ce match. Christian Lopez, immense défenseur central de la grande époque de Saint-Étienne. Ce 8 juillet 1982, il commence sur le banc et c'est lui qui remplace Patrick Battiston.

La déception n'enlève rien à sa fierté d'avoir joué une demi-finale de Mondial. Il est même plutôt soulagé de ne pas avoir eu à frapper de tir au but…

## 70 000 SPECTATEURS… ET DOMINIQUE GARNIER, 62 ANS, ENTRAÎNEUR DE FOOTBALL FÉMININ EN AUSTRALIE, & CHRISTIAN LOPEZ, 71 ANS, EX-JOUEUR INTERNATIONAL

**Dominique :** Je suis un gamin de la Madeleine d'Évreux, où il n'y avait pas grand-chose à faire à part des conneries ou jouer au foot. Le football, pour moi, c'est plus qu'un sport : il m'a sorti du quartier. Il m'a fait voyager, m'a fait connaître d'autres cultures. En 1982, j'avais 20 ans et c'était ma première Coupe du monde. Je devais faire mon service militaire mais je leur ai demandé s'ils pouvaient attendre la fin du Mondial. Ils ont accepté !

J'ai fait tous les matchs des Bleus. À cette époque, les supporters de l'équipe de France étaient considérés comme des beaufs, des alcooliques, des sans-dents. Il n'y avait aucune aide, aucun groupe de supporters. Pour suivre une Coupe du monde, il fallait soit avoir beaucoup d'argent, soit savoir se débrouiller seul. Et puis l'organisation de cette Coupe du monde était très mauvaise. C'était très compliqué d'obtenir des places.

Je suis parti en Espagne à moto avec un copain. Arrivés à Bilbao pour le premier match contre les Anglais, on a rencontré des Parisiens. On a mis nos tentes dans le coffre de leur 504 et on les a suivis durant toute la durée de la Coupe du monde. Je suis toujours ami avec eux aujourd'hui. À l'époque, le port du casque n'était pas obligatoire en Espagne. Je pilotais ma moto tête nue et en maillot de bain ! Faire une Coupe du monde dans les années 1980, c'était une aventure. Je dormais chez l'habitant. J'avais toujours des petites tour Eiffel dans mes poches pour me rendre sympathique auprès des autochtones. On était coupés du monde. En 1986, à Guadalajara, c'est un journaliste français qui m'a appris la mort de Coluche pendant le Mondial mexicain.

**Christian :** Gamin, en Algérie où je suis né, je jouais sur des terrains vagues. L'équipe du village était en première division algérienne alors j'allais voir les matchs avec mon père et mon grand-père. Dans mon esprit, l'équipe de France était assez loin. On ne voyait pas les matchs, on n'avait pas la télé. On voyait seulement de temps en temps des photos de Raymond Kopa et de Just Fontaine. Et puis j'ai débarqué en France avec ma famille au début des années 1960, au Cannet dans les Alpes-Maritimes, où je vis toujours aujourd'hui.

J'ai été repéré par l'AS Saint-Étienne et je suis parti de chez mes parents le 3 novembre 1969. J'y ai signé mon premier contrat professionnel en 1972. Évidemment, on me parle encore de mon tacle face à Oleg Blokhine contre le Dynamo Kiev en 1976. Ça a été un tournant de l'histoire de ce match mais aussi de l'histoire des Verts. Blokhine a voulu me crocheter pour marquer tranquillement. Mais je n'ai pas mordu à sa feinte. Je l'ai taclé. Sur la contre-attaque, c'est nous qui avons marqué.

J'ai joué ma première Coupe du monde en 1978. J'étais titulaire contre les Argentins lors du deuxième match. Je n'ai plus quitté l'équipe pendant quatre ans. Jusqu'au Mondial espagnol. Pourtant, je suis encore dans l'équipe face à l'Angleterre à Bilbao mais je paye la mauvaise performance de l'équipe, défaite trois à un. Le sélectionneur Michel Hidalgo me sort du onze. Je suis remplaçant tout le reste de la compétition mais je rentre quand même à chaque match. N'empêche, c'est une Coupe du monde frustrante pour moi.

**Dominique :** Ce 8 juillet 1982, le soleil est brûlant à Séville. Il y a des promotions sur le Ricard alors on va à fond dans le cliché du supporter ! Dès le matin, on enchaîne. Comme on ne peut pas entrer dans le stade avec des bouteilles en verre, on mélange de l'eau et du Ricard dans des petites bouteilles en plastique. Autant dire qu'au moment de pénétrer dans l'enceinte du stade Ramón Sánchez Pizjuán, on est plutôt joyeux !

Comme je ne veux pas rater l'échauffement des joueurs, je prends place dans la tribune de bonne heure. Il y a une ambiance superbe entre les supporters des deux pays. On se tape dans la main, les Allemands et nous. À l'époque, tout le monde est mélangé dans les stades. On peut s'installer où on veut alors on se regroupe à une vingtaine de Français juste derrière un but. On forme un petit kop tricolore. Le stade est plein à craquer mais il y a très peu de Français. On est très minoritaires.

**Christian :** Le matin du match, je sais que je ne suis pas titulaire mais je suis déjà content d'être sur la feuille de match. Je garde l'espoir d'entrer en cours de jeu. Disputer une Coupe du monde, c'est magnifique, mais jouer une demi-finale... Je le dis très sincèrement, ce jour-là, je pense plus à rentrer sur le terrain qu'à la victoire de l'équipe de

France. Mon intérêt personnel passe avant celui de l'équipe. C'est comme ça. Une demi-finale, ça ne se loupe pas.

On est persuadés qu'on peut les battre. On se sent sûrs de nos forces. On fait une Coupe du monde magnifique, l'équipe dégage beaucoup de sérénité. Sans que ce soit suffisant, on sait qu'on est meilleur qu'eux.

Les joueurs allemands ne sont pas du genre à venir nous saluer avant le match. Ils se considèrent comme supérieurs à nous. Ça a toujours été comme ça. Avec le Bayern Munich, que j'ai affronté à plusieurs reprises avec Saint-Étienne, c'était pareil. On les connaît par cœur. Ce soir-là, à Séville, ils ne sont pas différents. Mais il n'y a pas d'hostilité particulière.

**Dominique :** C'est le renouveau du foot français. On se retrouve face à l'Allemagne, une équipe extraordinaire. Dans ma tête, je ne peux pas m'empêcher de penser que l'aventure touche à sa fin. Je n'arrive pas à croire qu'on puisse battre ces Allemands.

Le match commence et très vite, Littbarski ouvre le score pour l'Allemagne. Déjà que je n'étais pas fier, pour moi, c'est déjà fini !

**Christian :** Je ne suis pas inquiet. Malgré ce but, on a la maîtrise du jeu. On continue de jouer notre jeu offensif habituel. Mentalement, on ne coule pas.

**Dominique :** À la 27e minute, Rocheteau est accroché en pleine surface. Penalty pour les Bleus ! Platini prend le ballon. Pour moi, c'est but assuré. Platoche ne tremble pas. Un partout. On est revenus dans le match ! On y est !

Plus rien n'est marqué avant la pause. À la mi-temps, on est confiants. Les Bleus jouent bien, ont des occasions. On peut toucher du doigt cette finale dont on rêve tant. Je me souviens que les Allemands viennent nous féliciter d'avoir égalisé mais, au fond d'eux, ils sont sûrs de gagner. Un Allemand inquiet, ça n'existe pas.

En début de seconde mi-temps, Platini frappe au-dessus de la cage. J'ai joué dans les buts d'Évreux jusqu'en troisième division alors, en bon gardien, je capte le ballon parfaitement ! Vite, je le cache sous ma blouse de supporter, ornée d'écussons en tous genres. Le portier allemand, le bientôt tristement célèbre Harald Schumacher, se tourne vers notre tribune et attend qu'on le lui rende. À l'époque, il n'y a pas de ramasseurs de balles autour de la pelouse. Moi, je veux garder ce ballon que Platini a embrassé avant de tirer son penalty. C'est un trophée ! Ça dure de longues minutes. Schumacher s'agace, devient agressif, commence à nous faire des gestes d'énervement. Il finit carrément par nous adresser un doigt d'honneur plein de rage. Quand finalement un nouveau ballon lui parvient, il fait mine de le dégager sur nous, cet abruti. Mais j'ai réussi à conserver mon ballon. Je l'ai gardé chez moi pendant trente ans. Et puis je l'ai offert à Thierry Roland lors de son dernier « Téléfoot ». Aujourd'hui, il est au musée de Loulou Nicollin*.

Le match se tend de plus en plus. Les chocs deviennent plus rugueux. Des contacts qu'on ne pourrait plus voir dans le football d'aujourd'hui. À l'époque, ça maillochait ! Notre magnifique milieu de terrain Bernard Genghini est obligé de sortir sur blessure. C'est Patrick Battiston qui entre pour le remplacer.

**Christian :** À aucun moment il n'est question que je rentre à ce moment-là. Moi, je suis un défenseur central, la logique veut que ce soit Battiston qui remplace Genghini. Quelques minutes plus tard, Patrick part dans la profondeur. Sur le banc, je suis parfaitement dans l'axe de l'action. Je vois tout de suite Schumacher sortir de son but comme un boulet. C'est gros comme une maison, il va le fracasser.

**Dominique :** Battiston effleure le ballon qui roule vers le but allemand. Je ne quitte pas la balle des yeux. Elle roule lentement et finit par passer juste à côté du poteau, là, devant moi. Quelle occasion manquée !

**Christian :** À la façon dont il attrape Battiston en tournant sa hanche, je sais tout de suite qu'il s'est passé quelque chose de grave. Quel choc... L'arbitre ne bronche pas. Pas de penalty, pas de carton. Rien. Ah, si ! Il siffle un corner !

**Dominique :** Je relève la tête et je vois Battiston au sol. Je n'ai rien vu de la terrible intervention de Schumacher. Ce n'est qu'en rentrant en France, après la Coupe du monde, que j'ai compris.

**Christian :** Patrick Battiston reste à terre. Le docteur de l'équipe de France entre sur le terrain. Au bout de quelques minutes, il fait signe au sélectionneur que Battiston ne peut pas continuer le match. Michel Hidalgo me demande d'aller m'échauffer mais, dans ces conditions, c'est compliqué. Je ne fais que regarder le terrain. Je vais rentrer en jeu mais je suis très inquiet pour Patrick.

**Dominique :** Schumacher reste stoïque. Il ne va même pas prendre des nouvelles de Battiston qui gît au sol, totalement K.O. Tout le stade est choqué par son comportement et commence à le siffler copieusement. Battiston sort du terrain sur une civière, son pote Platini lui tenant la main. L'atmosphère change complètement dans le stade. Au début de la Coupe du monde, les Espagnols étaient hostiles aux Français. À l'époque, il y avait une guerre économique entre la France et l'Espagne sur les prix des produits agricoles. On n'était pas les bienvenus. Mais après cet attentat de Schumacher, les Espagnols se rangent du côté des Bleus. Ce n'est plus seulement un match pour une place en finale de la Coupe du monde, c'est un combat pour la justice.

**Christian :** Avant qu'en entre sur le terrain, le sélectionneur me donne ses consignes. Il me faut jouer en défense centrale à la place de Gérard Janvion qui, lui, doit monter au milieu de terrain. Décision logique : Janvion a souvent joué au milieu dans sa carrière. Quand je pénètre sur la pelouse, Michel Platini me demande : « Tu joues où ? » Je lui répète ce que m'a dit le sélectionneur. Mais Platini me répond : « Non ! On ne bouge pas ! Janvion reste derrière et c'est toi qui vas jouer au milieu ! » Qu'est-ce que je dois faire ? Me retourner et le répéter à Hidalgo ? Ça va tellement vite et Michel Platini est devenu le patron de l'équipe, il ne faut pas s'en cacher. Finalement, je vais me placer là où notre capitaine me l'a demandé. C'est comme ça que j'ai joué pour la seule et unique fois de ma carrière au milieu de terrain, un soir de demi-finale de Coupe du monde.

Je pars tout de suite dans la surface. Corner pour nous. La balle vient vers moi. Je saute pour reprendre le ballon de la tête. Schumacher s'élance mais il est en retard et essaie de m'envoyer son poing dans la gueule. Je sens sa main effleurer mon visage. J'ai toujours la photo chez moi. Il avait tenté de m'assommer à mon tour ! C'est là que je me retrouve face à lui. Il a les yeux qui sortent des orbites. Ça ne sert à rien d'essayer de lui parler. On se regarde entre coéquipiers, on se rend compte qu'il est chargé comme une mule. Je voudrais l'insulter mais à quoi bon ? Il ne comprend pas le Français.

**Dominique :** Dans les dernières minutes, Manu Amoros s'avance et envoie une frappe sublime. Le ballon vient malheureusement s'écraser sur la barre. Je suis déçu mais surtout je suis pris d'un doute : et si j'avais rendu mon ballon, est-ce qu'il serait passé sous la transversale ? À l'époque, la pression des balles n'était pas contrôlée comme aujourd'hui, il y avait souvent des différences. Mon ballon, plus ou moins gonflé, aurait peut-être eu une autre trajectoire.

Finalement, l'arbitre siffle la fin du temps réglementaire. Honnêtement, je me sens joyeux. On n'a pas perdu contre l'Allemagne. C'est déjà beau. Je suis loin d'imaginer que ces prolongations à venir vont entrer dans la légende.

**Christian :** On est persuadés qu'on va battre ces Allemands. On a fait un grand match. On est décidément meilleurs qu'eux. Au bout de deux minutes, on obtient un nouveau corner. Je me place juste derrière Marius Trésor. Je pique au premier poteau en entraînant un défenseur allemand. Le ballon me passe au-dessus de la tête. Je me retourne. Marius est tout seul. Il reprend la balle de volée. But ! Magnifique. Magnifique... Quand votre équipe marque, quelle que soit l'importance du match, c'est toujours d'abord un soulagement, et puis un bonheur extraordinaire. Mais là... Ce but nous rapprochait de notre rêve.

**Dominique :** On se saute tous dans les bras. Dans la cohue, je m'accroche à mon ballon. J'ai peur que la Guardia Civil vienne le récupérer ! Pour moi, à ce moment-là, c'est fini. On est en finale.

**Christian :** Six minutes plus tard, je vois Didier Six qui provoque la défense allemande. Arrivé à la hauteur des seize mètres, il fait une passe en retrait pour Alain Giresse. Sa frappe de l'extérieur du droit est magique. 3-1 ! Ça devient de la folie. Gigi part en courant, le visage déformé par la joie. Il va tellement vite qu'on n'arrive pas à le rattraper !

**Dominique :** Je pleure comme un gamin. Voilà, on est en finale, on part à Madrid... On est tous terriblement émus. C'est tellement fort. C'est un exploit impensable. En t'en parlant, ça me fait encore tout drôle. Et puis les Bleus jouent magnifiquement bien. Un jeu de passes sublime. L'équipe de France change de statut à cet instant.

**Christian :** Après les embrassades et les accolades, il y en a toujours un ou deux qui rappellent les autres à l'ordre : « Attention les gars, on mène trois à un, mais on reste concentrés, on ne fait pas n'importe quoi. » Alors on reste vigilants mais j'ai le sentiment qu'on a fait le plus dur. On se sent forts, on continue d'attaquer. C'est notre jeu. Sur le banc, ce soir-là, il n'y a même pas de milieux défensifs. En 1998, on s'est aperçus que si on avait eu la même mentalité que l'équipe d'Aimé Jacquet, on aurait sûrement été champions du monde. Mais à Séville, à aucun moment on n'imagine jouer de manière plus défensive. Et puis ce n'est pas Platini et Giresse qui allaient venir défendre ! Jean Tigana, quant à lui, avait tendance à partir à l'abordage, et nos deux latéraux, Bossis et Amoros, étaient toujours aux avant-postes. Moi, quand je les voyais me passer devant, je restais tranquillement derrière pour assurer le coup.

**Dominique :** Très vite, Rummenigge, qui vient d'entrer en jeu, réduit l'écart. Un but tout pourri, en taclant. Dans ma tête, ça bascule une nouvelle fois. Je me remets à trembler.

Dès le début de la seconde mi-temps, les Allemands égalisent sur un retourné de Fischer. Cette fois-ci, c'est un super but. Les mouches ont changé d'âne, comme disait Thierry Roland. Moi, je pleure à nouveau, mais de tristesse. On est morts. Ce n'est qu'une question de temps. Les Allemands vont marquer une quatrième fois, c'est sûr.

**Christian :** On est vraiment mal. Quand une équipe est menée de deux buts et qu'elle réussit à revenir, elle prend un avantage psychologique énorme. Malgré tout, on continue d'attaquer jusqu'à la fin. Je veux éviter les tirs au but...

**Dominique :** Le match se termine et je suis soulagé qu'on soit toujours à égalité. Je vois les joueurs s'approcher de la cage de l'autre côté du terrain et se préparer pour la séance des tirs au but. Nous, dans notre petit coin bleu, on essaie de faire ce qu'on peut avec le peu de voix qui nous reste.

**Christian :** On se réunit et Michel Hidalgo demande quels joueurs se sentent d'aller tirer. Moi, je suis dans un état d'esprit particulier à cause de la finale de la Coupe de France qui s'est disputée deux mois auparavant. Saint-Étienne perd face au PSG aux tirs au but... et c'est moi qui rate le dernier penalty. Je peux te dire que je ne suis pas confiant. J'ai une peur terrible d'être obligé d'aller tirer. La liste est établie : je suis le septième tireur.

**Dominique :** Rien ne se fait sans émotion dans ce match. Les trois premiers buts sont réussis par les Français. Puis Stielike s'avance face à Jean-Luc Ettori, le gardien français, qui accomplit l'exploit et détourne le tir de l'Allemand ! L'espoir et l'émotion reviennent. Je vois Stielike tout seul dans un coin, en train de pleurer. Mais l'horrible Harald Schumacher arrête la balle de Didier Six. Les montagnes russes. Même aux tirs au but, on est devant et... putain... incroyable. C'est insoutenable. Je me mets à dire des conneries du genre : « Mais il y a bien un Dieu du football ! » Je suis à bout de nerfs. Littbarski et Platini marquent à leur tour. Rummenigge aussi.

**Christian :** La plupart du temps, la décision se fait lors des cinq premiers tirs. Mais voilà que notre sixième tireur, Maxime Bossis, s'avance. C'est bien ma veine. S'il marque et que l'Allemand marque ensuite, ce sera mon tour. Je me demande déjà comment je vais tirer mon penalty. Je suis mort de trouille. Mais Schumacher arrête le ballon de Max. Derrière, Ettori ne peut rien faire face à Hrubesch. C'est fini.

**Dominique :** Je m'effondre. Mes jambes ne me tiennent plus. Comme Bossis après son penalty raté, je me recroqueville. Putain, c'est Schumacher qui est le héros. C'est dégueulasse. Je reste un temps fou à ne rien dire, assis, à pleurer comme un con pendant que les Allemands fêtent leur qualification autour de moi. Nous, les Français, on est des enfants à qui on a enlevé un cadeau de Noël qui leur tendait les bras. Enfoiré de Père Noël.

Les joueurs allemands viennent devant notre tribune pour jeter leurs maillots à leurs supporters. Les Français, eux, ne font que pleurer. Je les vois tenter de se consoler entre eux. Ils ne viennent pas nous voir mais je ne leur en veux pas. À quoi bon ? Quelle tristesse... On a vécu notre peine ensemble mais sans se mélanger. Merde, putain, on était tout proches.

**Christian :** On est rentrés dans le vestiaire, la tête dans le sac. On n'avait pas envie de parler, pas envie de réagir. Ce jour-là, il y a tout eu. Tout. La dramaturgie a été terrible. Mais ce souvenir reste un plaisir. Malgré tout.

J'ai joué mon dernier match en équipe de France deux jours plus tard lors de la petite finale contre la Pologne. Personne n'avait envie de jouer cette rencontre. J'étais une nouvelle fois remplaçant. Je suis rentré à l'heure de jeu. On a perdu 3-2.

**Dominique :** Les Allemands ont été super avec nous. En quittant la tribune, ils nous tapaient dans le dos. Je me souviendrai toute ma vie : on descendait l'escalier pour sortir du stade et ils nous ont fait une haie d'honneur. Ils nous ont passé leurs écharpes autour du cou. Je suis sorti du stade Ramón Sánchez Pizjuán de Séville, le 8 juillet 1982, après ce France-RFA qui allait rester dans les mémoires de tous les Français, couvert d'écharpes allemandes. Ça m'a fait chaud au cœur. Quarante ans après, ça me remue toujours autant. C'est fou.

---

* L'ancien président emblématique du club de Montpellier, Louis Nicollin, décédé en 2017, possédait une collection de maillots et d'objets liés au football qu'il a réunis dans un musée.

J'Y ETAIS
J'Y ETAIS

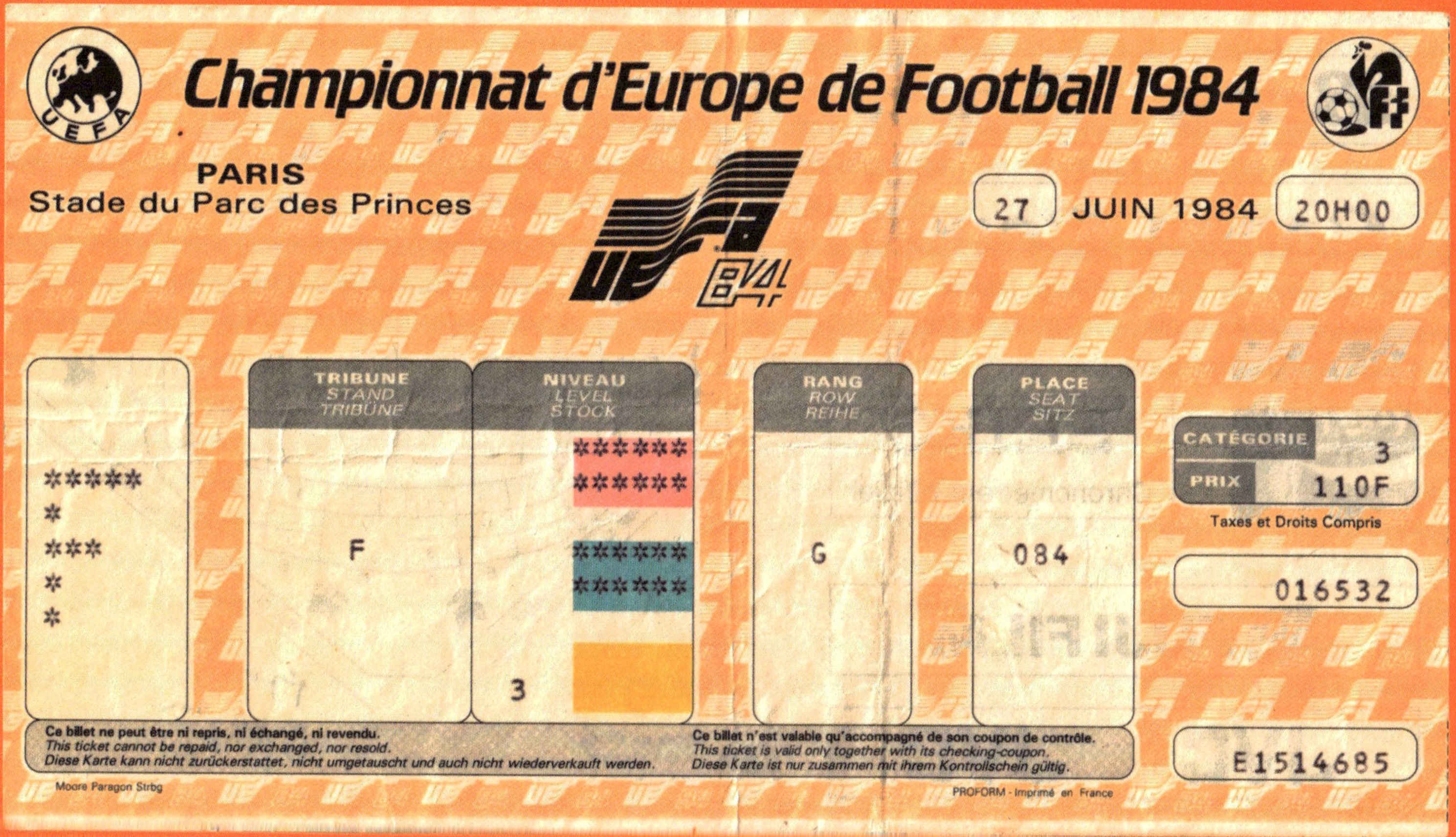

# Championnat d'Europe de Football 1984

**PARIS**
Stade du Parc des Princes

27 JUIN 1984 20H00

| TRIBUNE / STAND / TRIBÜNE | NIVEAU / LEVEL / STOCK | RANG / ROW / REIHE | PLACE / SEAT / SITZ |
|---|---|---|---|
| F | 3 | G | 084 |

CATÉGORIE 3
PRIX 110F
Taxes et Droits Compris

016532

E1514685

**Ce billet ne peut être ni repris, ni échangé, ni revendu.**
*This ticket cannot be repaid, nor exchanged, nor resold.*
*Diese Karte kann nicht zurückerstattet, nicht umgetauscht und auch nicht wiederverkauft werden.*

**Ce billet n'est valable qu'accompagné de son coupon de contrôle.**
*This ticket is valid only together with its checking-coupon.*
*Diese Karte ist nur zusammen mit ihrem Kontrollschein gültig.*

Moore Paragon Strbg

PROFORM - Imprimé en France

FINALE DU CHAMPIONNAT D'EUROPE
**27 JUIN 1984, PARC DES PRINCES (PARIS)**

## FRANCE 2 – 0 ESPAGNE

★

### « TU VEUX JOUER À MA PLACE ? »

Autant vous le dire tout de suite, je ne suis pas allé chercher bien loin ce témoin, puisque Jean-Pierre Lucas, c'est mon père. Vous l'aurez compris, c'est lui qui m'a transmis le virus du foot. C'est lui qui, dans le dos de ma mère, venait discrètement ouvrir la porte de ma chambre les soirs de grands matchs. C'est aussi lui qui m'a amené dans un stade pour la première fois. C'était le 2 juin 1990 pour la finale de la Coupe de France entre le Racing Paris 1 et Montpellier. Je n'avais pas encore 8 ans. Et quand mon père m'amenait au parc, ce n'était pas pour faire du toboggan, c'était au grand Parc, celui des Princes. Je me souviens avoir été très impressionné par la foule devant le stade. Mon père, les billets en papier fin chiffonnés dans une main et ma petite pogne dans l'autre, se faufilait entre les spectateurs pour arriver aux guichets, habitué qu'il était de la cohue d'avant les matchs. Je me souviens d'avoir un peu paniqué et de m'être mis à pleurer. Alors, lorsque nous avons enfin passé les tourniquets, pour me remonter le moral, mon père m'a dit : « Viens, on y va en courant. » Nous avons monté les marches quatre à quatre vers les gradins. Lorsque nous sommes arrivés en haut du grand escalier et que j'ai aperçu le terrain, ce grand rectangle vert qui brillait dans la nuit, entouré de tribunes garnies de mille couleurs, ma panique s'est immédiatement évanouie et j'ai su à ce moment-là que j'aimerais les stades toute ma vie. Aujourd'hui encore, quand je rentre dans un stade, je revis toujours cette émotion initiale. Ce soir-là, j'ai passé plus de temps à regarder les tribunes que ce qui se passait sur le terrain, et c'est à peine si j'ai vu Laurent Blanc marquer son coup franc en prolongations pour donner la victoire à Montpellier.

Mon père, le Parc, c'était son jardin. Il le connaissait comme sa poche.

Au milieu des années 1970, la France obtient l'organisation du Championnat d'Europe 1984. La Fédération française de football annonce que les abonnés aux matchs de l'équipe de France seront prioritaires pour obtenir des places pour les matchs de la compétition à venir. Mon père s'abonne au Parc des Princes et assiste à la montée en puissance des Bleus, à l'avènement de Michel

Platini et à tous les grands matchs de ces années-là. En 1984, il assiste donc au match d'ouverture de l'Euro contre le Danemark, puis retrouve les Bleus pour la première grande finale de l'équipe de France, celle qui doit couronner toute une génération.

---

## 47 367 SPECTATEURS… ET JEAN-PIERRE LUCAS, 70 ANS, RETRAITÉ DE L'EDF

Cette finale, c'est l'aboutissement incroyable d'une histoire qui a commencé au début des années 1970 avec le grand Saint-Étienne, celui de Robert Herbin et de la finale de la Coupe d'Europe 1976. On s'est rendu compte que nous aussi, en France, on pouvait gagner, alors que le football français n'était plus au niveau depuis 1958. Une éternité.

Il y a eu Saint-Étienne, et il y a eu l'arrivée de Michel Platini. Dans les années 1970, je prenais l'Équipe tous les jours et j'ai lu les premiers reportages sur ce jeune joueur prometteur de Nancy… qui allait porter l'équipe de France jusqu'au toit de l'Europe.

Au début, lors des premiers matchs où j'allais, le Parc n'était pas plein. On avait l'impression que les gens s'excusaient d'être supporters. À l'époque, les footeux étaient considérés comme des décérébrés. Je me souviens qu'une fois, dans un restau, on parlait football et les gens autour se foutaient de nous. Il y avait des rires en coin. Le sport en général était dévalorisé. Mais tout a commencé à changer à partir de ces années-là. Et en 1982, France-RFA a permis aux Français de se rendre compte que le foot pouvait donner des émotions immenses.

Ce 27 juin 1984, jour de finale, j'arrive au stade plusieurs heures avant le début du match. À cette époque, le Parc des Princes est un stade ouvert ! Aujourd'hui, les enceintes sont tellement sécurisées, avec plusieurs niveaux de contrôle… Là, il n'y a pas de barrières de sécurité, n'importe qui peut arriver aux abords du Parc, et même mieux, entrer à l'intérieur.

Je me balade autour du stade et je me rends compte que les grilles de l'accès principal sont ouvertes. Je m'approche ; des joueurs viennent d'arriver, en tenue de ville. Il y a Janvion, Henri Michel… Je vois aussi Daniel Cohn-Bendit*, que j'alpague : « Hey le Rouge ! » Il se retourne et il vient me voir. Je me retrouve un peu con, je ne me souviens même plus de ce qu'il me dit. Et puis tout à coup, j'aperçois Luis Fernandez. Les grilles sont toujours ouvertes. Je m'approche de l'entrée, et comme personne ne me dit rien, je me retrouve devant lui ! « Ça va, Luis ? T'as la forme ? » Il me répond gentiment deux ou trois mots. Et puis je repère un accès à la pelouse. Moi, je n'ai qu'une envie : toucher le terrain sur lequel nous allons être champions d'Europe, j'en suis sûr ! Je lui dis : « Luis, tu peux me faire entrer sur la pelouse ? » Et Fernandez de me répondre : « Pourquoi ? Tu veux jouer à ma place ? »

J'ai traînaillé là quelque temps. Il y avait des personnalités qui passaient. Et puis je suis sorti sans que personne me demande quoi que ce soit, avant de rejoindre ma tribune. Quand j'y repense, c'est dingue, j'aurais pu m'infiltrer, rester là, m'installer n'importe où. À l'époque, on n'était pas fouillé à l'entrée des stades. On entrait même parfois avec des canettes. On contrôlait juste nos billets à la vue. Le drame du Heysel n'était pas encore arrivé. Pas de fouille au corps. On entrait avec des sacs, de la bouffe, des bobs Ricard !

Ce jour-là, il y avait une espèce d'allégresse. Une ambiance de kermesse. Tout le monde dans les tribunes était confiant. On n'avait pas peur. C'était la première fois qu'on jouait une finale, on ne savait pas qu'on pouvait la perdre.

Le match est tendu. Je m'aperçois très vite que les Espagnols ne sont pas venus pour faire le nombre. 0-0 à la mi-temps : l'euphorie s'estompe, je me dis que ça ne va pas être si simple, finalement. Mais j'ai confiance en Platini. On l'a vu tant de fois faire basculer les matchs. On sait que quand il y a un bon coup franc, il y a neuf chances sur dix qu'il marque. Pourtant, fatigué après une grande et longue saison, il ne fait pas une bonne partie. En deuxième mi-temps, quand l'arbitre siffle une faute à vingt mètres face au but espagnol, je me dis que c'est idéal pour Platoche. Ça doit se passer maintenant ! Je suis placé tout en haut d'un virage mais parfaitement dans l'alignement du terrain, pile derrière le but. Le stade est debout. Je vois Platini qui pose le ballon. Lentement. C'est incroyable mais tout semble se passer au ralenti. Platini s'élance, frappe... pas très bien. Un vrai tir de merde ! Le gardien espagnol, Arconada, est parfaitement placé. Il se couche sur le ballon. Je suis en surplomb, je vois bien son dos, j'ai l'impression qu'il roule sur lui-même et j'apperçois le ballon… qui rentre tout doucement dans le but !

Alors là, je t'explique pas. Ça a explosé dans le stade. Un volcan ! Une folie qui a duré… Je ne sais pas, dans ces moments-là on n'a aucune conscience du temps. Tout le monde se saute dans les bras. Autour de moi des briquets, des clopes, des cornes de brume, des clés, des sandwichs, des gobelets jonchent le sol. Tout le monde a balancé en l'air ce qu'il tenait dans les mains !

Après ce but, je suis regonflé à bloc. Ça ne peut plus nous échapper. L'euphorie jusqu'à la fin du match. Pendant les arrêts de jeu, Bruno Bellone reçoit la balle et arrive tout seul devant la cage du pauvre Arconada. Bellone frappe. De là où je suis, j'ai l'impression que le ballon passe au-dessus de la barre, mais il finit par plonger dans le but. Je suis sur un nuage. Je me souviens, on s'est regardés, mon pote et moi, on se tenait dans les bras, on se répétait : « On est champions d'Europe ! Tu te rends compte ? Champions d'Europe ! » On a compris à ce moment-là qu'on était maintenant l'équivalent des Allemands, des Italiens… Un grand pays de foot.

Nous avons décidé tous les deux de rester dans le stade et d'aller voir les joueurs. On a réussi à aller jusqu'aux ascenseurs qui menaient aux vestiaires. On était des centaines à attendre, à espérer voir nos héros. On voulait les toucher ! En vain, évidemment. On est restés là tous ensemble des heures pendant que la fête battait son plein à l'extérieur. C'est le seul regret que j'ai de cette soirée, j'aurais aimé faire la fête avec les supporters dehors.

On s'est baladés dans le stade. À l'époque on pouvait faire le tour par les coursives. C'était sympa. Un public très populaire, les buvettes à l'ancienne. Un joyeux foutoir. Le Parc des Princes, c'était le Grand Stade. Un très beau stade, très bien conçu, qui fait du bruit, qui résonne. C'était le jardin de ces Bleus, là où ils se sentaient chez eux. C'était leur stade et c'était notre stade.

Ce match, c'était l'apothéose de dix années dorées. Une décade fantastique. On s'est régalés.

---

* Homme politique franco-allemand, figure de Mai 68, surnommé « Dany le Rouge ».

J'Y ETAIS
J'Y ETAIS

COUPE D'EUROPE
DES CLUBS CHAMPIONS
Girondins de Bordeaux F C

GIRONDINS F. C.
contre
JUVENTUS F. C.
24 AVRIL 1985
**PESAGE**

N° 007842

Contrôle

COUPE D'EUROPE DES CLUBS CHAMPIONS
**Girondins de Bordeaux F C**
Champions de France 83-84

GIRONDINS F C - JUVENTUS F C
Mercredi 24 Avril 1985

**- PESAGE -**

**DEBOUT**

N° 007842

IMP DUPUY - 33520 BX-BRUGES

A présenter à toute réquisition

DEMI-FINALE RETOUR DE LA COUPE D'EUROPE DES CLUBS CHAMPIONS
**24 AVRIL 1985, PARC LESCURE (BORDEAUX)**

# BORDEAUX 2 – 0 JUVENTUS TURIN

★

## LE MATCH D'AVANT

En 1985, la finale de la Coupe d'Europe fut le théâtre d'une des plus grandes tragédies de l'histoire du football européen. Le 29 mai, sur la pelouse du stade du Heysel de Bruxelles, Michel Platini donna la victoire à la Juventus de Turin face à Liverpool mais, en tribune, trente-neuf personnes perdirent la vie dans un mouvement de foule initié par les hooligans anglais.

Un mois plus tôt, le grand Bordeaux de Giresse, Tigana, Battiston et Lacombe, champion de France en titre, affrontait la Juve en demi-finale de cette Coupe d'Europe. Défaits trois à zéro au match aller, les Bordelais rêvaient de tout renverser au retour avec l'apport d'un public surchauffé. Franck, qui avait 12 ans à l'époque, se souvient que quarante-deux mille spectateurs s'étaient entassés dans un parc Lescure qui ne pouvait accueillir... que trente-quatre mille personnes.

Mon père m'a souvent parlé de cet incroyable laisser-aller qui caractérisait le football des années 1980. Il était courant à l'époque pour les clubs de vendre bien plus de billets que les stades pouvaient accueillir de spectateurs. Combien de drames ont été miraculeusement évités ? Comme ce soir de février 1981 au stade Grimonprez-Jooris de Lille, où mon père était venu voir son idole Platini, alors joueur de l'AS Saint-Étienne. L'afflux de supporters l'avait empêché d'accéder à sa place et il s'était retrouvé coincé et compressé toute la première mi-temps dans le tunnel menant aux gradins. Il n'avait pu suivre la rencontre qu'en écoutant les commentaires improvisés de spectateurs qui grimpaient aux grilles et se relayaient pour apercevoir quelques minutes la pelouse. La sécurité était quasiment absente et la moindre bousculade aurait pu être fatale, comme lorsqu'il a vu un homme marcher littéralement sur les têtes des autres supporters ou ce gardien de la paix être à deux doigts de sortir son arme. Pourtant, cette foire d'empoigne restait bon enfant et personne ne semblait s'offusquer de telles conditions d'accueil. Une insouciance et une légèreté qui disparaîtront à jamais dans la nuit bruxelloise quelques années plus tard.

## 42 000 SPECTATEURS… ET FRANCK BERNARD, 50 ANS, CHARGÉ D'OPÉRATION TRAVAUX AU PORT DE BORDEAUX

Le 10 avril, mon père était à Turin pour le match aller. Il était revenu à la maison des étoiles plein les yeux malgré la défaite trois à zéro des Girondins. Il m'avait raconté la folle ambiance du Stadio Comunale. Il me répétait, émerveillé, les « Juve ! Juve ! » que scandaient les *tifosi*. Il m'avait avoué qu'il n'avait pas pu s'empêcher, lui, Bordelais jusqu'au bout des ongles, de crier avec les Italiens, tellement il avait été transporté par l'atmosphère ce soir-là.

Le foot, mon père, c'était sa passion. Il aurait voulu que mon frère et moi soyons des grands joueurs. Il nous poussait. Moi, je n'avais pas vraiment le talent. Mon frère, par contre, a été repéré par Bordeaux quand il avait 10 ans. C'était un peu la guerre des tranchées quand les Girondins rencontraient les équipes des villages alentour. Tout le monde voulait se payer le grand club de la région. Au bout de quatre matchs, à cause d'un tacle par-derrière, mon frère s'est blessé gravement au genou et n'a pas pu aller à l'école pendant un bon mois. Alors mon père a dit stop. Il ne voulait pas que ses enfants payent un tel prix.

Je suis allé pour la première fois au parc Lescure quand j'avais à peine 6 ans. C'était pour un Bordeaux-Nantes, le sommet du Championnat à l'époque. On vivait les grandes années des Girondins et j'avais été impressionné par ce grand stade qui vibrait pour son équipe. Ça m'a marqué à vie. Alors quand la Juventus a débarqué, c'était un événement que nous ne pouvions pas manquer, mon frère, mon père et moi. Entre le match aller et le match retour, la ville était bouillonnante. L'excitation et l'effervescence s'étaient emparées des rues de la ville, si tranquilles d'habitude. Bordeaux avait trois buts à remonter mais on sentait qu'on pouvait y arriver. Et puis on allait voir Michel Platini en chair et en os. Il était au sommet de son art. La Juventus de Turin, à l'époque, c'était le summum. Le top niveau mondial.

Je me souviens que mon père est hyper speed le 24 avril 1985. On se met en route vers le stade. À l'approche de Bordeaux, il y a déjà beaucoup de monde et il est très difficile d'entrer dans la ville. À l'époque il n'y a pas autant de transports en commun qu'aujourd'hui, alors la ville est saturée. Je ne sais pas comment le dire autrement, mais ce jour-là, c'est le bordel.

Il n'y a jamais eu une telle affluence à Lescure. Aux entrées du stade, la tension commence à monter. Des petites bousculades se transforment vite en cohue et les quelques policiers en faction et agents de sécurité présents sont rapidement dépassés. Moi, du haut de mes 12 ans, je suis un peu inquiet mais personne ne semble réellement se soucier de la situation. Nous finissons par entrer dans le stade et nous rejoignons nos places assises dans une tribune latérale. Nous sommes installés confortablement mais dans les virages, ce n'est pas la même histoire. Des milliers de supporters s'entassent, debout, comprimés dans ces tribunes qui débordent à tel point que le club ouvre la piste du vélodrome au public. Il n'y a pas un centimètre carré de libre dans un parc Lescure plein à craquer. Des petits drapeaux aux couleurs des Girondins sont déposés sur chaque siège dans notre tribune. Je suis aux anges ! Lorsque les joueurs entrent enfin sur la pelouse, j'ai des frissons. L'ambiance est dingue. Je n'ai pas beaucoup d'expérience mais je sens que nos joueurs sont transcendés par le stade. Ils sont prêts à aller au combat.

Le début du match me donne raison : Bordeaux prend tout de suite le dessus. À la 24e minute, Müller reprend du droit un ballon qui traîne dans la surface. 1-0 ! Lescure est en transe. Bon sang, on a marqué face à la Juve ! Et si on a inscrit un but, c'est qu'on peut en mettre d'autres ! Pendant dix minutes, le stade est en lévitation. L'euphorie totale. Ça pousse fort. Très fort. Mais le temps passe et le deuxième but se fait attendre. À la mi-temps, le score est toujours de un à zéro et la confiance s'éteint un peu. Certes, Bordeaux mène au score mais il reste encore deux buts à marquer en quarante-cinq petites minutes pour éviter l'élimination. J'ai peur qu'on n'y arrive pas.

La deuxième mi-temps commence et les Bordelais se jettent sur chaque ballon comme des morts de faim. Leur hargne emporte le stade qui pousse de plus belle. Quand je vois qu'on commence à dominer largement la Juve, je me mets à y croire vraiment. À la 80e minute, Patrick Battiston envoie une frappe exceptionnelle des trente mètres.

Le ballon tape le poteau mais finit sa course au fond des filets. L'émotion atteint des sommets. À côté de moi, mon père est en pleurs. Bordeaux mène deux à zéro, il ne manque qu'un tout petit but pour aller en prolongations. Lescure chante comme un seul homme. Les Girondins se déchirent sur le terrain. Ils donnent tout. Mais les joueurs de la Juventus ont de l'expérience et essaient de gagner du temps par tous les moyens. À l'époque, le gardien de but a encore le droit de prendre le ballon à la main quand un coéquipier le lui envoie. Alors les Italiens abusent de passes en retrait et cassent le jeu.

Il reste cinq minutes. Jean Tigana part dans une des chevauchées dont il a le secret. Il rentre dans la surface et frappe de toutes ses forces. C'est maintenant. Le moment ou jamais. Le gardien italien fait une parade décisive qui sauve la Juve et plonge mon père dans le désespoir. La chance est passée. Plus rien ne sera marqué. Bordeaux échoue aux portes de la finale. Mon frère et moi, on est un peu amers. On était tellement proches de l'exploit. Mais quel beau match et quelles belles émotions on a vécu !

Un mois plus tard, lorsque j'ai vu ce qu'il s'est passé au Heysel, j'ai perçu cette demi-finale d'une autre façon. Et si Tigana avait inscrit le troisième but ? Et si les Girondins s'étaient qualifiés pour la finale en prolongation et qu'ils avaient rencontré Liverpool et ses hooligans à la place de la Juve ? Mon père et mon frère seraient allés à Bruxelles, c'est certain. Ils n'auraient manqué pour rien au monde un tel match. Et que se serait-il passé alors ? Cette question m'a hanté longtemps.

J'Y ETAIS
J'Y ETAIS

XIII CAMPEONATO
MUNDIAL DE FUTBOL
MEXICO 86
FIFA
FEDERACION MEXICANA DE FUTBOL, ASOC.
Estadio
Jalisco
Guadalajara, Jal.
JUNIO 21-12:00
Banamex
4os DE FINAL
12
26
33A
10
00799
CATEGORIA
A

QUART DE FINALE DE LA COUPE DU MONDE
**21 JUIN 1986, STADE JALISCO (GUADALAJARA, MEXIQUE)**

# FRANCE 1 – 1 BRÉSIL

(4-3 T.A.B.)

★

## DÉCOLLAGE IMMÉDIAT

Didier est probablement le supporter des Bleus le plus prolifique. Au moment de notre entretien, quelques semaines avant l'Euro 2024 auquel il se préparait avec envie, il avait assisté... à 387 matchs de l'équipe de France. Un record. Témoin privilégié de presque cinquante ans de football en France, Didier était présent lors de tous les grands chocs de l'histoire des Bleus depuis un France-Bulgarie déjà décisif en 1977. Il n'y a bien que le plus grand de tous qu'il a manqué : le 12 juillet 1998, Didier n'avait pas pu obtenir de billet et c'est donc devant son petit écran qu'il a vu la bande à Zidane soulever pour la première fois la Coupe du monde. Pourtant, Didier déteste la télé. Pour lui, le foot ,c'est au stade et nulle part ailleurs. Que ce soit pour une finale de Mondial ou pour un match de District. Et suivre les Bleus, c'est un mode de vie, qui lui a permis de voyager partout autour du globe et d'aller à la rencontre de cultures différentes.
À l'été 1986, Didier part cinq semaines au Mexique pour y suivre la Coupe du monde. Il assiste bien sûr à tous les matchs de l'équipe de France mais pas seulement : au total, il aura vu dix-neuf rencontres de ce Mundial qui restera mythique principalement pour Diego Maradona, sa Main de Dieu puis son but d'extraterrestre, le tout contre des Anglais médusés. Mais le France-Brésil du 21 juin rentrera aussi dans la légende, notamment ses prolongations, à jamais un sommet du foot. Les artistes Platini, Zico, Rocheteau et Careca étaient prêts à éblouir le monde mais Didier, lui, a connu quelques déboires qui lui ont fait rater de précieuses minutes de ce choc intemporel de la Coupe du monde.

---

## 65 000 SPECTATEURS... ET DIDIER BAUDRY, 62 ANS, RETRAITÉ DE LA RATP

C'est ma grand-mère qui m'a donné le virus. Elle était tellement passionnée... Quand j'étais gamin, je regardais les matchs avec elle et tout le voisinage profitait de ses commentaires. C'était assez épique ! À 15 ans, j'ai vu mon premier match des Bleus. Une révélation. Ce soir-là, il y avait une ambiance énorme au Parc des Princes et je me suis senti tout petit. La France s'était qualifiée pour la Coupe du monde 1978, alors j'ai pris un abonnement pour les rencontres de l'équipe de France au Parc. J'ai vu tous les grands matchs des années 1980, les plus belles selon moi.

En 1986, la Coupe du monde se tenait au Mexique. À l'époque, rien n'était organisé pour les supporters, il fallait savoir se débrouiller. J'ai planifié mon périple tout seul, et je suis parti cinq semaines. J'étais installé à Mexico et je prenais le bus pour aller voir les matchs dans tout le Mexique. C'était une Coupe du monde magnifique, avec une grande qualité de jeu. Ça ne jouait pas très vite à cause de l'altitude mais le niveau technique était impressionnant. Après avoir éliminé l'Italie, les Bleus font face au Brésil en quart. Une finale avant l'heure.

En ce temps-là, quand on rencontre les Brésiliens, on n'est pas vraiment confiant ! Ce 21 juin 1986, je le suis encore moins quand je prends l'avion – une fois n'est pas coutume – pour rejoindre Guadalajara. En arrivant à l'aéroport de Mexico, je m'aperçois que mon vol est retardé, comme souvent au Mexique. Sauf que le petit retard habituel se transforme vite en heures d'attente. Je suis stressé comme pas possible. L'heure tourne et je me rends bien compte qu'il va être compliqué d'arriver à temps pour le début de la rencontre. Bon sang, on ne traverse pas la moitié du globe pour rater un tel match ! Mon avion finit enfin par décoller pour atterrir à Guadalajara. La course contre la montre est lancée. Je saute dans un bus qui amène les spectateurs au stade. Le chauffeur fait tout ce qu'il peut mais lorsque nous arrivons enfin devant le stade Jalisco, le match a déjà commencé.

Stressé, en colère et un peu perdu, je me mets à tourner autour du stade pour trouver l'entrée correspondant à mon billet. En vain. Tout est très mal indiqué et j'entends les premières clameurs du public à l'intérieur de l'enceinte. Pas possible de rester plus longtemps dehors. Je finis par m'approcher de la première porte que je trouve. Personne ne contrôle mon ticket. Alors j'entre... Et c'est comme ça qu'avec sept ou huit autres Français perdus comme moi, je me retrouve juste derrière un but, au milieu des supporters brésiliens.

Ils nous remarquent à peine. C'est comme si on n'existait pas. Mais il n'y a aucune animosité à notre encontre. Il faut dire qu'ils sont très confiants et que les Bleus ne leur font pas peur ! Pour eux, ce match est une formalité et le stade Jalisco tout entier est acquis à leur cause. Les Mexicains sont à fond pour le Brésil. Il est midi quand le match commence et je n'ai finalement raté que quelques minutes. Il fait une chaleur pas croyable. L'ambiance est magnifique : des orchestres de samba et des danseuses animent les tribunes. La fête peut commencer.

Dans le stade comme sur le terrain, les Brésiliens dominent. Ça ne se passe pas du tout comme j'espérais. À la 17e minute, Careca ouvre le score pour le Brésil. Ça fait un de ces bruits... Autour de moi, les supporters *auriverde* fêtent ce but comme s'ils avaient déjà gagné. Je me dis que ça va être très dur pour les Français, d'autant plus que les Brésiliens continuent de dominer largement. Pourtant, à la 41e minute, Rocheteau déborde sur le côté et centre fort devant le but. Le ballon arrive au deuxième poteau et je vois Platini le pousser dans la cage juste devant moi. Égalisation des Bleus ! Quelle joie ! La poignée de Français se prend dans les bras. Mais pour les Brésiliens, ce but est un aléa. Une broutille. Pour eux, ce n'est qu'une question de temps, leur toute-puissance va reprendre son cours tranquillement. Pourtant la mi-temps arrive et le score est toujours de un partout. On est dans le match.

Pendant la pause, je me dis que l'exploit est possible. À vrai dire, j'ai hâte que le match reprenne. La première mi-temps a été sublime, un jeu de passes magnifique de la part des deux équipes. Le jeu reprend et les Brésiliens touchent deux fois les poteaux. À la 72e minute, Zico, le meneur de jeu star, entre sur le terrain. Sur son premier ballon, il envoie Branco en un contre un face à Joël Bats. Le gardien français ne peut que faucher l'attaquant. Penalty pour le Brésil.

Je suis mal. Très mal. Dans la tête des Brésiliens comme dans celles des Français, c'est comme s'il y avait déjà deux à un. D'ailleurs, les joueurs brésiliens se congratulent. C'est Zico qui va tirer ce penalty et il n'y a aucune chance qu'il le rate. Je suis juste derrière le but, je pourrais me mettre à la place de Bats. Zico s'élance et frappe. Je vois notre gardien qui part du bon côté. Il repousse le ballon plein axe. Les attaquants brésiliens se précipitent pour le reprendre mais Manuel Amoros, dans un effort fantastique, arrive avant eux pour dégager le ballon. Je réagis comme si on avait marqué un but ! Les Bleus sont toujours dans le coup. Je sens que les supporters brésiliens autour de moi commencent à s'inquiéter et qu'ils sont visiblement moins sereins. À la fin des quatre-vingt-dix minutes, il y a toujours un partout. Il va falloir jouer les prolongations. Elles vont être légendaires.

Le match devient tendu mais le jeu est spectaculaire. Les deux équipes se rendent coup pour coup. Ça part dans tous les sens ! Platini lance Bellone, seul à quarante mètres du but, qui se retrouve face à Carlos, le gardien brésilien. Dans le stade, tout le monde retient son souffle. Bellone dribble Carlos mais le gardien pousse l'attaquant français qui perd son équilibre et finit par être repris par les défenseurs brésiliens. La faute est évidente pourtant l'arbitre ne bronche pas. Pas de penalty. Bellone n'a pas voulu se laisser tomber. Je me dis que notre chance vient de passer. Sur la contre-attaque, le Brésil se procure une occasion énorme. Quelle action !

Tirs au but. Je vois les gardiens qui viennent de mon côté, je comprends que la séance va avoir lieu devant moi. Quelle chance de ne pas avoir trouvé la bonne porte du stade ! C'est Socrates qui tire en premier. Il prend un pas d'élan. Bats fait un arrêt magnifique ! Stopyra et Amoros marquent pour les Français, Alemão et Zico, pour le Brésil. Puis Bruno Bellone voit son tir repoussé par le poteau mais le ballon rebondit sur la tête du gardien pour rentrer finalement dans le but. On l'a échappé belle ! Branco marque à son tour. Trois partout. C'est Platini qui s'approche maintenant du ballon. On peut dire que c'est plutôt un bon tireur de penalty ! Bref, c'est but assuré. Il s'élance, frappe... Je vois le ballon frôler la lucarne mais les filets ne bougent pas : Platoche vient de tirer au-dessus. Les Brésiliens reviennent à la vie. Ils fêtent déjà leur victoire. Je suis désespéré. Julio César va s'occuper du cinquième tir brésilien. Sa frappe, lourde, atteint de plein fouet le poteau de Joël Bats. Toujours 3-3 ! Luis Fernandez est le dernier tireur français. S'il met son ballon au fond, la France retrouve la demi-finale de la Coupe du monde quatre ans après. Je vois les Brésiliens qui essaient d'attirer le mauvais œil sur Luis. Le milieu de terrain français prend son élan, frappe... et envoie la France au paradis ! Alors là, je ne réponds plus de rien ! Tout le monde se saute dessus. Je vois Luis partir en courant. On a battu le Brésil !

Côté brésilien, c'est le drame. Une catastrophe nationale. Les supporters ne comprennent pas ce qui leur arrive. Ils sont dépités. J'en vois certains qui pleurent toutes les larmes de leur corps. Moi, je suis dans un état second. Après le match, je reste en ville pour manger un morceau. Il y a une atmosphère de deuil dans les rues. Mais les Brésiliens ont un comportement très fair-play. Ça a été le cas à chaque fois qu'on les a joués... et battus !

Quelques jours plus tard, j'étais de retour au stade Jalisco pour la demi-finale contre les Allemands. Cette fois-ci, pas de problème avec l'avion, ni de retard. J'ai même réussi à trouver ma tribune ! Mais malheureusement, les Bleus ont été éliminés. L'équipe de France m'a apporté tellement d'émotions. Positives comme négatives d'ailleurs. C'est ma passion. Elle réunit tout le monde.

CONSERVARE PER IL CONTROLLO
FINALE DI COPPA DEI CAMPIONI
STADIO S. NICOLA DI BARI
29 MAGGIO 1991
Tribuna Ovest Anello Superiore
FEDERAZIONE ITALIANA GIUOCO CALCIO
F.C. STELLA ROSSA
OL. MARSIGLIA
TRIBUNA OVEST SUPERIORE
INGRESSO 27 SETTORE S/PARI
FILA... 34 POSTO.. 22
007303

**OLYMPIQUE DE MARSEILLE 0 - 0 ÉTOILE ROUGE DE BELGRADE**

( 3-5 T.A.B. )

★

## LA PIÈCE EN L'AIR

Comme tout Marseillais qui se respecte, Michel a la passion de l'OM. C'est comme ça, c'est dans son sang. Ça vient de loin, de son grand-père. Ça ne s'explique pas. Une passion plus forte que tout. En 1987, Michel se marie et part en voyage de noces. Une semaine au ski à Courchevel en amoureux. Au bout de quelques jours à monter et descendre les mêmes pistes, les tourtereaux commencent à sérieusement s'ennuyer et se demandent ce qu'ils pourraient bien faire de plus excitant. Michel, faussement naïf, glisse que l'OM joue le soir même à Saint-Étienne. À sa grande surprise, sa femme trouve l'idée excellente et les voilà donc partis, les skis sur le toit, passer une soirée en amoureux dans le froid glacial de Geoffroy-Guichard. L'OM a gagné un à zéro et Michel a même dû empêcher son épouse, d'habitude « toute gentille », de s'embrouiller avec les supporters des Verts !

Je passe une heure à écouter Michel me raconter son Olympique de Marseille et sa terrible déception, un traumatisme, après cette première finale de Coupe d'Europe de la période Tapie. C'est toute une partie de l'histoire de Marseille qui défile mais aussi une partie de mon enfance, moi qui ai découvert le foot à travers les exploits de JPP et de mon idole Chris Waddle. Cette finale à Bari a été mon premier drame footballistique. J'avais 9 ans. Je revis, à 40 ans passés, cette déception d'enfant à travers les yeux de Michel, qui n'a rien oublié de ce match culte.

À lire avec l'accent.

---

## 56 000 SPECTATEURS... ET MICHEL GIARETTO, 60 ANS, ÉLECTRICIEN À LA MAIRIE DE MARSEILLE

Mon grand-père était un fada de l'OM. C'est lui qui m'a emmené la première fois au Vélodrome quand j'avais à peine 8 ans. C'était au début des années 1970. Plus tard, l'OM est devenue une passion lorsque j'ai fait mon service militaire en 1981. Les journées étaient barbantes, alors j'ai commencé à vraiment m'intéresser au foot. L'OM était en deuxième division. Comme les places était très peu chères, on allait au stade : c'était notre sortie du week-end. À Marseille, à l'époque, c'était le Moyen Âge : il n'y avait rien. Le foot était le seul divertissement qu'on avait. C'était aussi notre défouloir. On allait au stade pour décompresser. Je me souviens qu'à chaque match les portes du Vélodrome étaient ouvertes à la mi-temps pour permettre aux spectateurs sans billet de rentrer dans le stade gratuitement. Mon premier grand souvenir, c'est lors de la remontée en D1 après une victoire contre Lyon en 1984. C'est Rubio, notre meneur de jeu, qui marque à la dernière minute. J'ai toujours aujourd'hui dans ma chambre l'article que j'ai encadré le lendemain de ce match mémorable !

En 1986, Bernard Tapie reprend le club et l'OM entre dans une nouvelle dimension. Je me souviens quand l'écran géant est arrivé au Vélodrome. Et puis les loges aussi, qui étaient rares à l'époque dans les stades. On a vu apparaître les premiers *tifos*, les feux d'artifice : le foot est devenu un spectacle. Et les stars sont arrivées. Enzo Francescoli est pour moi le plus grand qui soit venu jouer pour l'OM. Le football était tellement différent à l'époque. Je me rappelle avoir aperçu plusieurs fois les joueurs s'entraîner sur la plage du Prado, tranquillement, sans aucune sécurité. Inconcevable aujourd'hui. Une fois, je me suis même approché d'eux, et j'ai serré la main de Papin.

Petit à petit, nous avons compris que l'OM pouvait devenir un très grand club. En 1990, la fameuse main de Vata* nous empêche d'aller jouer la finale de la Coupe d'Europe une première fois. L'année d'après, c'était évident, nous pouvions la gagner, cette fameuse Coupe aux Grandes Oreilles. On avait une équipe extraordinaire : Mozer, Boli Pelé, Waddle, Papin... Fantastique.

Le 24 avril 1991, l'OM se qualifie dans la liesse pour la finale de la Coupe d'Europe des clubs champions en battant le Spartak Moscou au Vélodrome. Quelques jours après, je me suis rendu au Club central des supporters, en haut de la Canebière. Créé par le regretté Jacques Pélissier, c'était le premier club de fans de l'OM, la première association de supporters Marseillais. À l'époque, c'était encore les balbutiements du « supporterisme » tel qu'on le connaît aujourd'hui. J'ai décidé de m'acheter une place pour la finale. Je ne pouvais pas manquer ça. Je me souviens du prix du billet : 3 000 francs. Un prix excessif, l'équivalent d'un mois de salaire. Mais je n'ai pas hésité : c'était un rêve de voir l'OM jouer un tel match.

Le 29 mai, au matin, je suis parti seul à l'aéroport de Marignane avec la certitude qu'on allait être champions d'Europe. Mais aussi avec un peu d'appréhension car c'était la première fois que je prenais l'avion ! La première chose qui m'a frappé, c'est que j'étais le seul vrai Marseillais dans cet appareil : les autres voyageurs partaient pour la finale mais venaient de partout en France. Où étaient les vrais Marseillais ? Beaucoup sont allés à Bari en train comme mon cousin, que j'ai retrouvé dans le stade. D'autres ont fait la route en voiture, comme l'un de mes collègues qui s'est retrouvé dans la tribune au-dessus de moi mais que je n'ai malheureusement pas réussi à croiser sur place. Il m'a raconté le lendemain qu'il avait failli se faire arracher la chaîne qu'il portait autour du cou par un Italien !

J'ai atterri à Brindisi. Des dizaines et des dizaines de cars attendaient les supporters marseillais pour nous amener à Bari. Je n'en avais jamais vu autant. C'était impressionnant. Après deux heures de route, nous sommes arrivés au stade, escortés par la police italienne. Le Stadio San Nicola était un très beau stade, qui avait été refait pour la Coupe du monde en Italie l'année précédente. La police nous a amenés jusqu'à l'entrée de notre tribune tandis que les supporters yougoslaves s'installaient dans le virage opposé. Nous étions des milliers de Marseillais, heureux, euphoriques même, et surtout fiers de jouer une finale de Coupe d'Europe. J'y croyais très fort. Je ne connaissais pas l'Étoile rouge de Belgrade, pour moi, ce n'était pas un grand club comme le Milan AC ou Liverpool. À l'époque on ne voyait pas beaucoup de foot à la télé, on ne savait pas qu'il y avait des bons joueurs dans ces pays lointains. On était les grands favoris. Pour moi, ce match devait être une formalité pour l'OM et ses stars.

Je me suis installé à ma place, au premier étage de la tribune, juste derrière le but. Le match commence. J'attends que le jeu habituel de nos joueurs se mette en place. J'attends tranquillement les buts qui vont venir sans aucun doute. Mais rapidement je me rends compte que quelque chose ne tourne pas rond. Je comprends que les Yougoslaves ont une tactique à laquelle je n'ai jamais pensé : ils décident de ne pas jouer. Ils défendent sans essayer d'attaquer pour ne pas prendre de buts et attendent la séance des penalties. Jamais je n'ai imaginé qu'ils puissent faire une chose pareille. On a quelques occasions mais ça ne veut pas rentrer. Je me souviens d'une action de Papin qui est seul dans la surface de réparation, devant nous, et qui tire à côté, lui qui a marqué tant de buts cette année-là.

Sans buts, le football, c'est triste. Cette finale tant rêvée est décevante. Dans les tribunes, à l'époque, ce n'est pas comme aujourd'hui : il n'y a pas de chants, pas de groupes de supporters. On est spectateur, on attend juste la délivrance. Moi je me dis : « Mais bon sang, on va bien finir par marquer ! » D'habitude, ça déroule, on enchaîne les buts. Je ne comprends pas ce qu'il se passe. Dans les tribunes, l'enthousiasme s'éteint au fur et à mesure que le temps passe. C'est d'une tristesse...

Le match se termine et les prolongations commencent. On se force à toujours y croire mais on sent bien que cette finale peut nous échapper. Sur le terrain, il ne se passe toujours rien. Et le moment des tirs au but arrive. Autant jeter la pièce en l'air. C'est de notre côté que ça va se passer. On voit s'approcher le premier tireur yougoslave, Robert Prosinecki. 1-0 pour l'Étoile rouge. Puis vient le tour du premier tireur marseillais, Manuel Amoros. Je le vois s'élancer, il prend beaucoup d'élan, il frappe... Son tir est dévié par le gardien. Je suis abasourdi. Les joueurs de Belgrade réussissent tous leurs penalties. Je me souviens du dernier tir yougoslave. Le ballon fait trembler les filets de Pascal Olmeta. C'est fini. J'entends pour la première fois du match les supporters yougoslaves en face. De notre côté, c'est la désolation. Un silence de mort comme je n'en ai jamais entendu. On n'arrive pas à comprendre pourquoi on n'a pas gagné cette finale. J'aperçois Basile Boli en larmes. Il s'effondre devant nous. Et on pleure tous avec lui dans la tribune. Puis notre côté du stade s'est vidé presque instantanément, et les Marseillais se sont évanouis dans la nuit italienne.

J'ai repris l'avion le soir même. Calme plat pendant tout le vol. Je suis arrivé à Marseille dans la nuit et le lendemain matin je suis retourné travailler, désespéré. Ma femme avait enregistré le match sur une cassette mais je n'ai jamais voulu le revoir. Je n'ai jamais compris ce qu'il s'est passé ce soir-là. Les joueurs étaient tendus, stressés, pris par l'enjeu sans doute. On aurait dû gagner cinquante fois... Pourquoi ils n'ont pas joué leur jeu ? Ça m'a vraiment traumatisé. Perdre des matchs, ce n'est pas grave, mais une finale de Coupe d'Europe... Jamais je n'aurais pensé que deux ans après nous la gagnerions enfin.

---

* Vata Matanu Garcia, joueur angolais du Benfica Lisbonne, marqua de la main le but qui élimina l'OM le 18 avril 1990.

FÉDÉRATION FRANÇAISE DE FOOTBALL
60 bis, avenue d'Iéna, 75783 PARIS Cedex 16
COUPE DE FRANCE
1/2
Match n° 1
S.C. B
Marseille
Le Mardi 5 Mai 1992
à BASTIA
№ 00318
INVITATION PERSONNELLE
NE PEUT ÊTRE VENDLE
* Marseille *
Ouest 'D'
Fauteuil No:1796

DEMI-FINALE DE LA COUPE DE FRANCE
**5 MAI 1992, STADE ARMAND-CESARI (FURIANI, CORSE)**

**SC BASTIA** MATCH NON DISPUTÉ **OLYMPIQUE DE MARSEILLE**

★

## UN TROU NOIR

Ce devait être une fête pour tous les Corses. Bastia jouait sa place en finale de la Coupe de France face aux stars marseillaises. Pour moi, du haut de mes 10 ans, c'était aussi un événement que j'attendais avec impatience à une époque où il n'y avait pas autant de matchs retransmis à la télé qu'aujourd'hui. Comme tous les mardis, je dînais chez mes grands-parents, la télé était allumée sur TF1 et j'attendais fébrilement la prise d'antenne de Thierry Roland et Jean-Michel Larqué. Le lendemain il n'y avait pas école et je me réjouissais de vivre une si belle soirée de football. Soudain, une partie de la tribune métallique de dix mille places, installée pour l'occasion, s'effondre en direct. Il n'y aura pas de match et, dans ma tête d'enfant, c'est bien ça le drame. Ce n'est que plus tard que j'ai pris conscience de ce qui venait de se passer. Dix-huit personnes ont perdu la vie ce soir-là et des milliers d'autres sont restées handicapées ou traumatisées à vie.

Je ne pouvais pas imaginer ce livre sans parler de cette catastrophe qui reste une plaie ouverte pour tout amoureux du foot français. Didier est tombé de la tribune ce soir-là, lui qui commentait le match pour une radio locale. Et Antoine était sur le terrain puisqu'il était capitaine du SC Bastia et s'apprêtait à jouer le match le plus important de sa carrière. Le coup d'envoi n'a jamais été donné mais il n'oubliera jamais cette soirée d'horreur.

Trois ans après le drame de Furiani, quand Marseille, alors en division 2, est venu jouer chez moi, à Amiens, dans le vieux stade Moulonguet, une tribune tubulaire a aussi été installée. J'ai pris place tout en haut avec mon père et je me souviens que nous avons vu, quelques minutes avant le début du match, des ouvriers serrer à mains nues les boulons qui tenaient les tiges de fer...

## 18 000 SPECTATEURS... ET ANTOINE DI FRAYA, 58 ANS, ANCIEN JOUEUR PROFESSIONNEL, & DIDIER GRASSI, 60 ANS, FONCTIONNAIRE

**Didier :** Le foot en Corse est une passion incontournable. Né à Bastia, je suis issu du côté de ma mère d'une famille de footballeurs. Mon premier souvenir de supporter, c'est la finale de la Coupe de France en 1972 que Bastia perd face à l'OM. J'ai pleuré à chaudes larmes toute la nuit parce que cela me semblait impossible que le Sporting puisse connaître la défaite !

J'ai vécu sur le continent jusqu'à mes 16 ans. Mais tous les étés, je passais les vacances à Bastia alors j'allais voir les premiers matchs de chaque saison au mois d'août. Le stade de Furiani, c'était quelque chose à l'époque ! Pour tout dire, il ressemblait plus à un camp de concentration qu'à un stade de foot... Des barbelés empêchaient les resquilleurs d'entrer sans payer. D'un côté du stade, il y avait des planches en bois sur lesquelles on s'asseyait, de l'autre, une toute petite tribune en béton qui ne rassemblait que sept cents personnes. Tout en haut, il y avait le coin de la presse. Disons plutôt que les journalistes s'entassaient dans un container ! La tribune la plus grande surplombait les vestiaires. C'est là que ça bougeait le plus.

**Antoine :** Quand on entendait juste au-dessus de nous ces milliers de supporters taper du pied... Il y a très peu de stades en France où on ressent une telle pression et une telle émotion. C'était très particulier pour moi en tant que Bastiais né à Bastia et formé à Bastia. J'ai su très tôt que je voulais être professionnel. J'avais des qualités mais il a fallu que je travaille beaucoup pour y arriver. Je suis d'abord parti à Toulon, puis j'ai bourlingué à travers la France pour finalement revenir à Bastia en 1991. Mes premiers souvenirs du Sporting sont liés à l'épopée européenne de 1978. Ça m'a laissé bouche bée. Alors quand treize ans plus tard j'ai foulé la pelouse de Furiani avec ce maillot sur les épaules, c'était une immense fierté.

**Didier :** En 1984, le club descend en deuxième division. Puis, au début des années 1990, malgré de grosses difficultés financières, les dirigeants montrent une vraie volonté de remonter parmi l'élite. Cette demi-finale de Coupe de France permet au club de revenir sous la lumière des projecteurs et d'afficher ses ambitions. En 1992, l'équipe est solide, elle est même quatrième de division 2 au moment du match.

**Antoine :** On fait un super parcours : on élimine Toulouse et Nancy, alors en D1, pour arriver jusqu'à cette demi-finale tant attendue. Le sort met l'Olympique de Marseille, probablement la meilleure équipe d'Europe, sur notre route. Pour nous, les joueurs, c'est le match d'une vie.

**Didier :** C'est l'événement de l'année, attendu par toute la Corse. Il y a un engouement extraordinaire. La volonté première des dirigeants est donc de faire en sorte qu'un maximum de Corses puisse se rendre au stade. Le club fait alors installer une tribune provisoire de quatre mille places. Mais, sous la forte demande de tickets, la décision est prise de l'agrandir. C'est finalement une immense tribune de dix mille sièges qui s'élève dans le ciel bastiais.

**Antoine :** Bernard Tapie propose de faire jouer la rencontre à Marseille et de reverser la totalité de la recette à Bastia. Je crois qu'il a un peu peur de nous ! Quoi qu'il en soit, les dirigeants du Sporting veulent faire plaisir aux Corses. Et puis il faut aussi conserver toutes nos chances d'aller en finale. Au Vélodrome, c'est perdu d'avance. En quelques heures, toutes les places sont vendues.

**Didier :** En février 1992, Albertville inaugure un stade de trente mille places avec des tribunes tubulaires, c'est-à-dire avec des structures métalliques et démontables, pour ses Jeux olympiques d'hiver. La tribune provisoire à Furiani est présentée comme l'une de celles qui ont été installées là-bas. On n'a donc aucune inquiétude sur sa fiabilité. Et les travaux commencent.

**Antoine :** Quotidiennement, je peux suivre l'évolution de cette tribune de fer. Je m'entraîne dans le brouhaha des machines. Je dois dire que ça nous enlève, à nous, les joueurs, un peu de pression. On a peut-être une chance sur cent de les battre, on se dit qu'on va la saisir à fond.

**Didier :** Mais il y a une grève des dockers sur l'île. La société à qui la construction a été confiée ne peut pas faire venir en Corse tous les éléments prévus. Branle-bas de combat. Les entreprises de BTP de toute la Corse sont mises à contribution pour trouver les pièces manquantes. Finalement, la partie haute de la tribune se monte avec du matériel qui sert habituellement à élever des échafaudages... Ça, bien sûr, nous ne l'avons su qu'après le drame.

Ce 5 mai, je suis au stade dès deux heures de l'après-midi. À l'époque, je suis pigiste pour une radio locale qui s'appelle Radio Corsica International. Je suis les matchs du Sporting depuis deux ans. Je commente les matchs mais je dois avouer que je suis plus supporter que journaliste ! La presse est installée tout en haut de cette fameuse nouvelle tribune. Des fils électriques et de téléphone pendent partout. Je suis en direct toute l'après-midi sous un cagnard pas possible. Et toute l'après-midi, je vois des jeunes du centre de formation du club et des jeunes militaires continuer de serrer les boulons de la tribune.

**Antoine :** L'équipe se retrouve à l'hôtel pour faire la sieste et puis un bus vient nous chercher. On est escortés par la police pour arriver jusqu'au stade : il y a un monde fou sur les routes. Pas un bruit dans le bus. On se regarde sans pouvoir se parler. On sait que toute la Corse est derrière nous. Quand on arrive à Furiani, la tribune provisoire est déjà pleine. Il y a des centaines de drapeaux qui virevoltent. On le sait, on le sent, on a une chance grâce à ce public fabuleux. Quand on entre sur le terrain pour s'échauffer, la ferveur est incroyable. Il y a quelque chose dans l'air... Je suis sûr qu'on les aurait battus.

**Didier :** Avec cette nouvelle tribune, nous sommes dix-huit mille ce soir-là dans les gradins de Furiani. Du jamais-vu de mémoire de Corse. Les drapeaux autour de moi me cachent le terrain. J'ai peur de ne rien voir du match. Comme il n'y a pas de portables à l'époque, je prends un téléphone filaire qui a été installé pour les journalistes et j'appelle mon cousin. Je lui demande de m'amener vite une télé pour que je puisse voir le match qui est retransmis par TF1 ! C'est comme ça qu'il s'est retrouvé, lui aussi, en haut de la tribune.

**Antoine :** À la fin de l'échauffement, le speaker du stade, Jean-Pierre Paoli, fait une annonce au micro et demande aux spectateurs d'arrêter de taper des pieds sur les parties métalliques. Je l'entends mais je suis tellement concentré sur mon match...

**Didier :** Moi aussi je l'entends, mais ça me semble sur le coup un peu ahurissant, décalé, voire incongru. Je ne comprends pas pourquoi il nous demande de nous calmer. Très objectivement, je n'ai aucun souvenir d'avoir senti la tribune bouger. Je ne me sens pas en danger. Nous sommes à quinze minutes du coup d'envoi. L'excitation est à son comble. Je suis déjà dans le match. L'ambiance est phénoménale. Il y a dix pour cent de la population corse ce soir-là à Furiani.

**Antoine :** L'échauffement terminé, je traverse le terrain pour rejoindre les vestiaires une dernière fois avant le coup d'envoi. Il est 20 h 23.

C'est là que j'entends un bruit sourd.

**Didier :** Je suis debout, le micro à la main. J'annonce à la radio qu'un groupe de chanteurs va interpréter l'hymne corse au milieu de la pelouse. Soudain, je me sens aspiré vers le sol. Et puis plus rien. Un trou noir.

**Antoine :** La tribune fait dix-huit mètres de haut, alors je ne m'aperçois pas tout de suite qu'une partie vient de s'effondrer. Je vois en revanche des spectateurs compressés contre les grilles, prêts à étouffer. Je me rends compte qu'il se passe quelque chose de grave. Alors, comme nous avons, nous, les joueurs, assisté au montage de la tribune pendant des semaines, comme nous avons vu les militaires fermer les grillages avec des fils de fer, nous avons tous le réflexe d'aller les défaire et d'ouvrir les grilles pour permettre aux gens de rentrer sur le terrain. On a peut-être évité un drame encore plus grand. Puis je pars en courant pour retrouver ma famille. Ils sont tous sains et saufs. Je contourne la tribune et je sors du stade pour voir ce qu'il se passe de l'autre côté. Alors je comprends. Je vois des amis, là, dans les décombres. Quand je reviens sur la pelouse, je sais qu'il s'est produit un drame. Je vois les gens passer devant les caméras de TF1 pour rassurer leurs proches. Sur le terrain, mes coéquipiers et moi, nous essayons d'aider comme nous pouvons. On donne à boire, on donne nos survêtements, on essaie de maintenir éveillés certains blessés graves en suivant les consignes des pompiers. On console, on apporte notre présence.

**Didier :** Environ deux heures après ma chute, je me réveille, allongé sur une des planches en bois de la tribune, sur la pelouse, avec une perfusion et des douleurs sur tout le côté gauche.

**Antoine :** Ça dure des heures. Les hélicoptères atterrissent sur la pelouse pour évacuer les blessés. Vers six heures du matin, j'apprends qu'un ami très proche est parmi les victimes. Il venait très peu au stade et je savais qu'il était venu pour moi ce soir-là. Il avait 18 ans.

**Didier :** Le lendemain matin, on me voit à la une de *La Provence*, accoudé sur une barrière, du sang sur le visage. Je donne l'impression d'être totalement conscient mais je ne me souviens de rien. Ça m'a finalement préservé psychologiquement. Je suis resté hospitalisé pendant un peu plus de deux mois à Marseille. Je me suis rendu compte que j'avais eu de la chance. Ce soir-là, à quelques centimètres de moi, il y avait des journalistes de Radio France qui, eux, sont malheureusement décédés. Je suis un rescapé.

Mon cousin est tombé lui aussi. Il a été moins gravement blessé que moi, fort heureusement. Je m'en serais voulu toute ma vie de lui avoir fait porter cette foutue télé.

**Antoine :** Les jours qui ont suivi, j'ai voulu arrêter le football. Et puis le temps, la passion et le soutien de ma famille m'ont fait changer d'avis. La saison suivante, le Sporting a joué quelques mois à Ajaccio. Le premier match à Furiani après le drame a eu lieu le 4 avril 1993 contre Nancy. On a gagné 3-0. C'était un grand moment d'émotion. J'avais eu la chance de marquer ce jour-là le deuxième but face à la tribune ouest. Nous partagions tous le souci de penser à ces gens qui étaient partis à cause d'un match, mais aussi à ceux qui sont toujours là mais qui auront des séquelles à vie, qu'elles soient physiques ou psychologiques.

La passion ne s'éteint jamais. Le football, c'est ma vie. Aujourd'hui je suis responsable de la cellule de recrutement du club de Montpellier. Mais je pense souvent à ce 5 mai. Quand je rends visite à ma famille à Bastia, que je passe devant le stade, sur le chemin de la plage, des images du drame me passent inévitablement devant les yeux. C'est indélébile.

**Didier :** Lorsque je suis rentré en Corse après mon hospitalisation, j'ai demandé à ma femme de m'amener à Furiani. J'étais en fauteuil roulant mais j'ai tenu à m'y rendre dès la sortie de l'avion. Il y avait toujours le fatras des tubes métalliques par terre, rien n'avait bougé, l'enquête était encore en cours. Comme Antoine, la passion ne m'avait pas quitté. Dès la saison suivante, j'ai repris les commentaires. J'allais à Ajaccio en béquilles pour suivre l'équipe. Contre Nancy, à Furiani, nous n'étions que trois ou quatre mille à cause de la reconstruction du stade. Mais c'était très fort, presque intime. Je me souviens du maillot entièrement noir que portaient les joueurs.

**Antoine :** Ce maillot, je l'avais ramené à la maison. J'avais envie de le garder. De ne pas le partager. Quelques années après, quand je suis arrivé à Montpellier, je l'ai finalement offert à Loulou Nicollin. Il avait été très touché. Il l'a encadré et mis dans son musée. Il y est toujours.

**Didier :** Pendant vingt ans, je n'ai pas réussi à parler de ce que j'avais vécu ce soir-là. Et puis en 2012, la finale de la Coupe de France fut programmée un 5 mai. Ça m'avait semblé complètement fou. Comment pouvait-on jouer une finale ce jour-là, qui plus est l'année du vingtième anniversaire de la catastrophe ? Il fallait faire quelque chose. Avec d'autres, j'ai créé le Collectif des Victimes du 5-mai 92. Depuis 2021, après un long combat, plus aucun match de football professionnel ne peut se disputer un 5 mai. Pour qu'on n'oublie jamais cette tragédie.

COUPE D'EUROPE DE L'UEFA
1/4 DE FINALE RETOUR
PARC DES PRINCES
PSG - REAL MADRID
JEUDI 18 MARS 1993 A 20H00
BOULOGNE
120F+15
TRIBUNE
BO
NIVEAU
BLEU
RANG
I
PLACE
089
0439405
CE BILLET NE PEUT NI ETRE REPRIS, NI ECHANGE, NI REVENDU.

QUART DE FINALE RETOUR DE LA COUPE DE L'UEFA
**18 MARS 1993, PARC DES PRINCES (PARIS)**

## PARIS SAINT-GERMAIN 4 - 1 REAL MADRID

★

### LA PERMISSION D'ÊTRE HEUREUX

Homme fin et cultivé, épris de voyages et de rencontres, Joseph est un esthète qui a une haute idée du football. Pour lui, c'est un art, une expression de la beauté, qui ne peut pas supporter la médiocrité. Ce soir-là, au Parc des Princes, c'est une toile de Maître que le PSG va peindre devant ses yeux. Quelle folle pièce de théâtre, quelle avalanche de coups de génie, quel chef-d'œuvre que ce PSG-Real Madrid qui fit vibrer la France entière le 18 mars 1993.
Je me souviens de l'avoir vu avec mon père. J'avais 10 ans et à la fin du match j'avais du sang dans les mains tellement j'avais serré les poings de stress ! Joseph, lui, a connu l'acmé de sa passion ce soir-là, qui a décliné ensuite dans les années qui ont suivi, pour des raisons qu'il expose plus bas. Aujourd'hui, il ne suit plus du tout le foot. C'est à peine s'il regarde la France jouer une finale de Coupe du monde. « Je n'ai pas le temps d'attendre une heure et demie pour savoir si le match en valait la peine, me confie-t-il. Il y a tant d'autres choses à faire. » Il accepte pourtant pour moi de se replonger dans les années où il était fou de ballon rond, non sans une légère nostalgie au fond des yeux.

---

### 46 000 SPECTATEURS ET… JOSEPH DONYO, 46 ANS, CONSULTANT DIGITAL

J'ai eu une période, pendant mes années lycée, où j'étais à fond dans le foot. À l'époque, j'étais ce qu'on appelle aujourd'hui un *no life*. Je n'avais pas vraiment de vie sociale, je ne sortais jamais. Je restais chez moi, dans ma chambre, à jouer à *Kick off 2**, et j'écoutais le samedi soir les matchs du Championnat de France à la radio commentés par Eugène Saccomano**. Je me souviens même que je jouais sur mon ordinateur le match que je suivais en direct ! Le lundi matin, j'achetais le journal *L'Équipe* pour lire toutes les analyses du week-end.

Mon père était négociant en tissu, et parmi ses clients il y avait André, un forain, qui était abonné au Parc des Princes. Mon père, un jour, lui a confié que j'aimais le foot et André m'a proposé de m'emmener voir un match. C'était en 1992. J'étais en seconde.

Je me souviens d'abord m'être senti tout petit. Et puis ça a été comme un vent de liberté dans ma vie. Moi qui étais plutôt calme et posé, je me retrouvais à me lever, à sauter, à crier, à me ronger les ongles dans mon siège. André avait ses places en tribune présidentielle, non loin du carré VIP où j'apercevais Jacques Chirac, Nicolas Sarkozy, Patrick Bruel, Enrico Macias... J'avais la tribune Boulogne à ma droite et Auteuil à ma gauche, et ça m'allait très bien de vivre l'ambiance comme ça, de loin. Cette première expérience m'a plu. Je n'avais plus qu'une envie : y retourner. Vite. André était d'accord, c'était quand je voulais. Et puis j'aimais bien l'idée d'être au tout début d'une aventure, celle de la présidence Canal+. Canal, c'était la coolitude, et moi j'en avais bien besoin !

André et moi, nous avions nos habitudes. Comme celle d'aller assister à l'arrivée des joueurs au stade. Ce 18 mars 1993, nous nous sommes donc retrouvés tôt devant la porte principale du Parc des Princes. Le car des joueurs est arrivé. Il n'y avait pas de barrière de sécurité : je les ai vus passer juste devant moi, hyper concentrés. C'était lunaire de pouvoir presque toucher ces mecs que j'admirais, dont je suivais les exploits depuis ma chambre d'ado. Je les trouvais tous beaux, grands et forts. George Weah, David Ginola, Bernard Lama... Des idoles.

J'étais très excité par ce match. Je ne peux pas dire que je croyais à la qualification, mais c'était déjà un rêve de voir le grand Real Madrid débarquer à Paris. Le PSG était en train de changer de dimension, mais personne ne misait vraiment sur lui. Battu trois à un au match aller, les chances étaient minces de retourner le résultat.

Nous montons dans la tribune. Le Parc est déjà chaud bouillant. Je sens une énergie différente, une volonté de revanche. Je comprends que le public y croit. L'ambiance est énorme. Je suis emporté par l'énergie qui descend des tribunes. Tout le monde est persuadé qu'on peut ensemble réussir l'exploit qui va rester dans les mémoires.

Le match commence. Le PSG est très offensif et je me rappelle être impressionné par le jeu des Parisiens. C'est fou, mais ils dominent les joueurs du Real. Solides dans les duels, ils multiplient les occasions et George Weah envoie une première tête sur la barre transversale. Ça porte l'excitation qu'il y a dans le stade. On peut se permettre de rêver ! Et à la 33e minute, Weah, toujours lui, ouvre le score sur corner. André, à côté de moi, saute dans les nuages. C'est la folie dans le Parc. Plus qu'un but à mettre pour faire l'exploit. La mi-temps est sifflée mais l'excitation ne redescend pas. On a tous hâte d'y retourner.

Pourtant, dès que la deuxième mi-temps commence, je me rends vite compte que le Real s'est réveillé. Les Espagnols se montrent de plus en plus dangereux et nos joueurs commencent à fatiguer. Ils sont fébriles, manquent de lucidité, font des fautes. C'est tendu. André est constamment au bord de son siège, au comble du stress. Mais à la 80e minute, Weah envoie une balle en cloche sur Daniel Bravo qui remet de la tête sur David Ginola. Sa reprise en demi-volée est un obus qui déchire les filets de la cage espagnole. Un but extraordinaire pour une action collective parfaite. 2-0 ! On crie notre bonheur de renverser le grand Real, on ne peut plus se rasseoir. Il ne reste que dix petites minutes, on va tenir ! 89e minute : sur un contre, le Brésilien du PSG Valdo se retrouve dans la surface de réparation madrilène. Il s'avance, il va frapper... mais au dernier moment arrête son geste. Le défenseur tombe dans le piège : il se retourne pour se protéger. Valdo n'a plus qu'à placer tranquillement le ballon au ras du poteau. But ! Quelle feinte de frappe magique ! Quel geste génial et subtil malgré la fatigue et la tension. Valdo vient de feinter le stade tout entier pour notre plus grand bonheur.

3-0. Incroyable ! Je me souviens d'avoir en du mal à y croire. C'est surréaliste. Nous entrons dans les arrêts de jeu. C'est fini, Paris va éliminer le Real Madrid. C'est une fête énorme dans le Parc des Princes. André avait l'habitude de nous faire quitter le stade avant la fin des matchs pour ne pas être englué dans la cohue et les embouteillages. Mais ce soir-là, un simple regard a suffi : on ne peut pas partir maintenant. Bien nous en a pris. J'ai des frissons d'angoisse quand je pense que j'aurais pu rater ce qui allait suivre.

À la 92e minute, alors que le Parc fête bruyamment la qualification, l'attaquant Chilien du Real Madrid Iván Zamarano, du bout du pied, envoie le ballon au fond du but parisien en même temps qu'un énorme coup de massue sur nos têtes. Tout le match, on a craint de prendre ce but et c'est quand on s'y attend le moins qu'il arrive : 3-1. Les deux équipes sont à égalité sur l'ensemble des deux matchs, il va falloir aller jouer les prolongations. Putain, c'est pas vrai... Il y a comme une chape de plomb sur le Parc. Comment c'est possible ? Je suis paralysé sur mon siège. J'aimerais avoir une machine à remonter le temps pour revenir deux minutes plus tôt, quand on était heureux et qualifiés. Je n'ai pas envie que le match continue. Je vois les joueurs dépités. Je me souviens de Paul Le Guen qui erre sur le terrain comme une âme en peine. Je sens bien qu'ils n'auront pas l'énergie pour tenir en prolongation.

Je me souviens de Bernard Lama qui, très vite, tente de remotiver son équipe. Il harangue ses partenaires, les exhorte continuer à y croire. Le jeu repart, Paris repart à l'attaque. Le Parc reprend espoir, d'autant plus que l'arbitre décide de laisser jouer encore quelques minutes. Il faut absolument marquer avant la fin du temps réglementaire sinon c'est l'élimination qui nous attend, on le sait tous.

Et là... Faute sur Ginola à l'angle de la surface de réparation. L'horloge du stade indique que nous jouons la 96e minute. Valdo pose le ballon. Il frappe le coup franc et envoie la balle dans les seize mètres. Je ne vois même pas arriver Antoine Kombouaré, sorti de nulle part pour placer une tête décroisée qui envoie le Parc des Princes au paradis. 4-1 ! Le stade tout entier explose. C'est fabuleux. Je prends dans mes bras le gars juste à côté. J'ai envie de partager avec tous ceux qui sont autour de moi. C'est un choc de bonheur. Une joie collective rare.

Le match se termine et on prend tous conscience de l'exploit sportif ainsi que le moment incroyable auquel on vient d'assister, avec ces quatre buts en quinze minutes. Je me rappelle que le banc de touche parisien est en ébullition. George Weah jette son maillot aux spectateurs. Le terrain est envahi par quelques dizaines de supporters qui vont embrasser David Ginola et taper sur l'épaule de Kombouaré, puis regagnent tranquillement leur tribune sans aucune intervention de la Police. André décide qu'il est temps de repartir. Une fois n'est pas coutume, nous rentrons dans les embouteillages. Mais heureux.

Deux ans plus tard, j'ai quitté la maison de mes parents pour faire mes études à Reims. Je n'avais pas de télé dans ma petite chambre d'étudiant, alors j'allais voir les matchs dans le foyer de l'école. Mais je me suis retrouvé avec des bourrins, des gars vulgaires, stupides et souvent bourrés. Ça m'a dégoûté. Je n'avais pas envie de partager ces moments avec eux. Et puis je n'avais plus ma console quand j'écoutais la radio. J'ai doucement arrêté de suivre les matchs. J'ai découvert aussi les soirées, la fête et les filles, l'ambiance école de commerce. Alors ma passion s'est éteinte. Totalement. Quand le PSG a gagné la finale de la Coupe des Coupes en 1996, je n'ai même pas regardé le match.

Surtout, je ne pouvais plus aller au Parc. Le stade, ça avait cimenté ma passion. Dans un stade, on a la permission d'être heureux. Cette heure et demie là est précieuse. Ça fait vingt ans que je n'y suis plus allé. Mais je te fais une confidence : je serais curieux d'y retourner.

---

* Jeu vidéo de football.

* Commentateur légendaire sur Europe 1, à la voix et la diction inimitables.

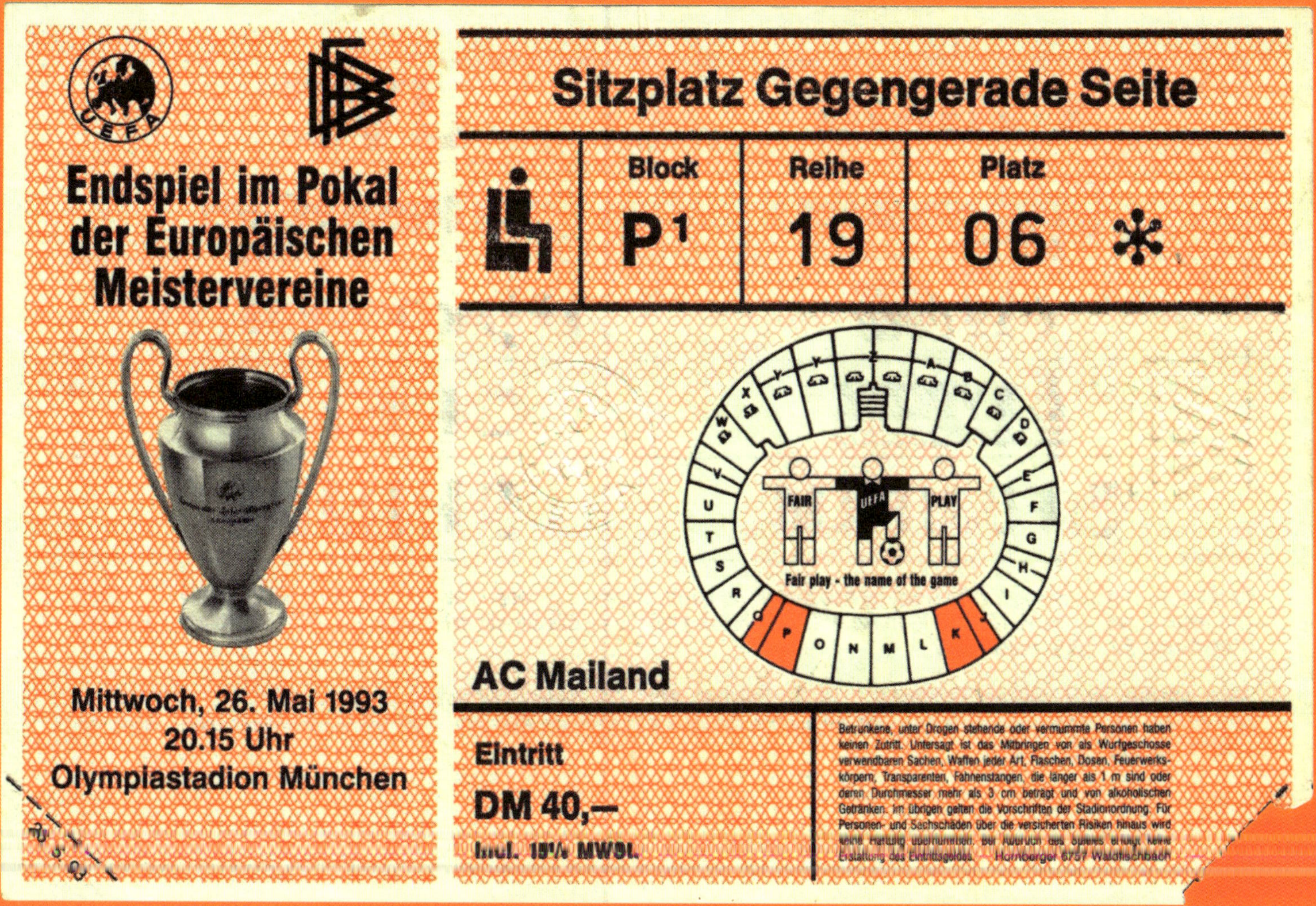

Endspiel im Pokal der Europäischen Meistervereine

Mittwoch, 26. Mai 1993
20.15 Uhr
Olympiastadion München

**Sitzplatz Gegengerade Seite**

| Block | Reihe | Platz |
| --- | --- | --- |
| P1 | 19 | 06 * |



**AC Mailand**

Eintritt
**DM 40,–**
incl. 15% MWSt.

Betrunkene, unter Drogen stehende oder vermummte Personen haben keinen Zutritt. Untersagt ist das Mitbringen von als Wurfgeschosse verwendbaren Sachen, Waffen jeder Art, Flaschen, Dosen, Feuerwerkskörpern, Transparenten, Fahnenstangen, die länger als 1 m sind oder deren Durchmesser mehr als 3 cm beträgt und von alkoholischen Getränken. Im übrigen gelten die Vorschriften der Stadionordnung. Für Personen- und Sachschäden über die versicherten Risiken hinaus wird keine Haftung übernommen. Bei Abbruch des Spieles erfolgt keine Erstattung des Eintrittsgeldes. Hornberger 6757 Waldfischbach

## OLYMPIQUE DE MARSEILLE 1 – 0 AC MILAN

★

### HEUREUX AVEC PLEIN DE GENS

Ce 26 mai 1993 est une des dates les plus importantes de l'histoire du foot français. Basile Boli montait haut dans le ciel de Munich pour propulser le ballon dans la légende. Un club de l'Hexagone remportait enfin une Coupe d'Europe. À jamais les premiers, comme aiment à le répéter les Marseillais. Ce soir-là, la France entière, à l'exception peut-être de quelques Parisiens, vibrait avec Rudi Völler, Alen Boksić et Marcel Desailly. Didier Deschamps pouvait soulever la Coupe aux Grandes Oreilles, comme l'appelait Bernard Tapie. Inoubliable.
Charles, Olivier et Mathieu ont eu tous les trois le privilège immense d'être présents au Stade olympique de Munich. Leur émotion est toujours aussi vive lorsqu'ils me racontent les toutes dernières minutes de ce match, celles qui les séparaient de l'éternité.

---

### 64 400 SPECTATEURS ET… CHARLES LAUTARD, 70 ANS, RETRAITÉ, OLIVIER PAGES, 54 ANS, CONDUCTEUR DE MÉTRO À LA RTM, & MATHIEU MADÉNIAN, 47 ANS, HUMORISTE ET COMÉDIEN

**Olivier :** Gamin, j'habitais à côté du Vélodrome. Mes copains et moi, à 12 ans, on sautait les grilles du stade et on rentrait comme ça, gratuitement. Plus tard, quand Tapie est arrivé, je me suis abonné. J'ai vu tous les grands matchs de cette période. J'organisais mes vacances en fonction du calendrier de l'OM. Ma femme me l'a assez reproché !
**Charles :** J'ai joué à l'OM de l'âge de 10 ans jusqu'à 22 ans. Avec des joueurs qui sont devenus professionnels, et même internationaux comme Roland Courbis, Roland Gransart ou Albert Emon. J'ai souvent joué au Vélodrome. Des levers de rideau, comme ça se faisait à l'époque, avant les matchs des pros. J'étais dans l'équipe réserve de l'OM.

Le terrain me paraissait plus grand qu'ailleurs. J'ai aussi fait ramasseur de balles dans les années 1960. Je dois reconnaître que c'était magique. À l'époque, les joueurs s'échauffaient au pied de la statue de Jean Bouin, devant le boulevard Michelet, au milieu des spectateurs qui arrivaient au Vélodrome !

**Mathieu :** J'ai grandi à côté de Perpignan mais mon père est marseillais. Il m'a élevé dans l'amour de l'OM et dans la haine du PSG ! Mon grand-père était gérant d'une station essence à côté du Vélodrome. Quand mon père était gamin, c'est lui qui gonflait les ballons pour les matchs. Moi, ado, avec mes potes, au lieu d'aller en boîte de nuit le samedi, j'allais à Marseille. Mon père nous emmenait. La journée, on jouait au foot sur la plage et le soir on remontait le boulevard Michelet pour aller au Vélodrome. La première fois, j'avais 14 ans. C'était incroyable. J'étais fou de joie. Je me souviens que je portais un T-shirt « Paris on te saigne » avec la tête de Freddy Krueger ! Toujours aujourd'hui, le dimanche, je pars de chez moi, à Paris, à 13 heures et je rentre avec le premier train le lendemain matin. Un soir, j'ai même posé un ordinateur sur scène pour regarder un match de l'OM pendant que je jouais mon spectacle !

**Olivier :** À l'époque, l'ambiance, était terrible. Je me souviens surtout des matchs contre Bordeaux, avec Claude Bez* qui arrivait au Vélodrome en Limousine ! La saison 92-93, j'assiste à tous les matchs de Coupe d'Europe à Marseille. On fait des queues pas possibles pour acheter des places. Des heures et des heures. Cette finale, je ne peux pas la manquer.

**Mathieu :** Je ne me souviens que de grandes ambiances. À Marseille, tout le monde est uni derrière l'OM. C'est une ville qui pue le foot. Les stades comme le Vélodrome, ce sont les derniers vestiges du vivre-ensemble. Moi, je déconnecte. Un jour de match, mon père m'a dit : « Tu peux laisser ton cerveau dans le coffre de la voiture. Par contre en sortant il faut retrouver où on est garés ! » Dans un stade, je deviens débile. C'est le dernier endroit où je suis totalement insouciant. Il n'y a rien de plus beau qu'un stade.

**Charles :** La veille de la finale, je pars de Marseille avec trois copains en voiture. On passe par Dijon pour en récupérer un quatrième et on prend la direction de Munich le mercredi matin. Ce 26 mai 1993, on s'arrête dans une brasserie pour déjeuner et, surprise, il n'y a que des Italiens ! Cinq Marseillais au milieu des Milanais ! Pourtant, il n'y a aucune rivalité et le repas est très sympa. Ça a été l'état d'esprit de toute cette journée. Idyllique avant, pendant et après le match.

**Olivier :** Je fais quinze heures de train jusqu'à Munich. Quinze heures pour revenir. Je pars le mardi à 17 heures, de la gare Saint-Charles. Chaque club de supporters a sa couleur de train. Moi, je suis dans le blanc, celui du Club central des supporters. Le feu complet dans les wagons. On traverse la France et à chaque gare on agite nos écharpes et nos drapeaux devant des Français abasourdis !

**Mathieu :** J'ai payé ma place 60 francs. Je pars le mardi soir en bus. Je suis avec mes deux meilleurs amis et mon cousin germain. On a tous à peine 17 ans. Pour partir, il faut être majeur mais bon, on est à Marseille ! Arrivé à Munich à 9 heures, je joue toute la journée au foot avec les supporters milanais.

**Olivier :** De nos jours, les supporters sont parqués d'un côté et de l'autre, tout est très sécurisé. À Munich, c'est magnifique. Il fait chaud. Il fait beau. Tout le monde est mélangé. Le midi, on partage une choucroute avec des Milanais. Eux sont très confiants. L'après-midi, épuisé par une nuit blanche et par la bière locale, je fais la sieste sur la pelouse du parc devant le Stade olympique. Une ambiance vraiment bon enfant.

**Mathieu :** J'entre dans le stade. Je suis placé à côté des South Winners**, juste derrière le but. Avant le match, la sono hurle des chansons en l'honneur des deux clubs. Nous, on a droit à « Bamboléo » des Gipsy Kings !

**Charles :** Le Stade olympique est rouge et noir d'un côté, bleu et blanc de l'autre. Je me souviens que tout le monde chante « Volare » à l'unisson. Une fête.

**Olivier :** En arrivant dans la tribune, je remarque que l'émission très populaire de Christophe Dechavanne, « Coucou c'est nous », est délocalisée dans l'enceinte du stade. Ma femme m'a vu à la télé ! Je croise Enrico Macias à qui je serre la main.

**Mathieu :** Mes potes et moi, on s'emmerde un peu en attendant le coup d'envoi. Alors, comme Enrico Macias est un grand supporter du

PSG, on décide de lui balancer les merguez de nos sandwichs ! Sur le direct de l'émission, on me devine à l'image. Enrico est fou de rage !

**Olivier :** Le match commence. Barthez nous sauve plus d'une fois. La star hollandaise du Milan, Marco Van Basten, me terrifie. Je l'ai croisé l'année suivante à Disneyland, je lui ai serré la main et je lui ai dit que j'étais désolé pour Munich !

**Charles :** Barthez nous maintient à flot avec des arrêts miraculeux. Tant qu'on ne prend pas de buts, tout est permis.

**Mathieu :** Je saute et je chante toute la première mi-temps. Sur le terrain, on est archi-dominés. Mais il y a des sports comme ça où le meilleur ne gagne pas forcément. C'est tellement incroyable, le foot. Rien n'est écrit à l'avance.

**Olivier :** À la toute fin de la première mi-temps, Abedi Pelé obtient un corner. Je me dis tout de suite qu'il y a possibilité de marquer. Un corner, ce n'est pas anodin. Surtout dans une finale. Je suis dans l'angle et je vois Pelé juste devant moi s'élancer pour le tirer.

**Charles :** Basile Boli reprend de la tête. Le gardien italien, Sebastiano Rossi, a les pieds tanqués au sol et voit le ballon inexorablement entrer dans son but. Cette image-là est fantastique.

**Olivier :** D'abord, j'ai du mal à en prendre conscience. Et puis je comprends. Ça fait tellement de bruit. Je me fais emporter tout en bas de la tribune. C'est délirant, les gens pleurent autour de moi. On a marqué en finale.

**Mathieu :** Je me rappelle un hurlement. Un boucan monstrueux. J'étais tout en haut de la tribune mais je me suis retrouvé dans la bâche installée par les supporters en bas ! Je ne me suis même pas cassé une jambe, je l'ai pris comme un signe ! À la mi-temps, on est euphoriques. Je me souviens que je vais aux toilettes et que je ne peux pas m'empêcher de sauter en pissant ! Je croise des vieux supporters qui pleurent toutes les larmes de leur corps. Les nerfs qui lâchent. Putain, quarante-cinq minutes et on est champions d'Europe. À l'époque, pas de portable pour te distancier de l'événement. On ne filme pas, on n'appelle personne. On est dans le moment à 100 %.

**Charles :** L'OM prend le dessus en deuxième mi-temps. Tout le stade le sent. On est en train de gagner le bras de fer. Je me dis que s'il n'y a pas cette fois-ci de main de Vata comme trois ans auparavant à Lisbonne, c'est notre jour. Notre tour.

**Olivier :** C'est la mi-temps la plus longue de ma vie. Je ne fais que me ronger les ongles. Comme disait l'un de mes bons amis : on fait de l'huile ! Quel stress...

**Mathieu :** Je ne suis pas croyant mais ce jour-là je prie beaucoup. Toute la deuxième mi-temps, je suis assis, en larmes. Je ne peux rien voir du match, de toute façon, car devant moi les mecs sautent et agitent leurs drapeaux, alors je préfère attendre. Attendre. Ce n'est plus possible d'apprécier un match quand il y a autant de tension. Je ne me relève qu'une seule fois, quand Papin fait son entrée. J'ai eu peur. Pitié, pas ça... Ça aurait été une belle histoire pour lui. Un an avant, j'étais au Vélodrome quand il a fait ses adieux aux Marseillais et qu'il a annoncé qu'il partait à Milan.

**Olivier :** Lorsque Papin rentre, il se fait siffler par tous les Marseillais. Ce n'est pas normal mais comment vous voulez faire... On passe notre tension sur lui.

**Charles :** Je ne suis pas un grand fan de Papin. J'ai connu Josip Skoblar***, c'était autre chose. Papin n'a pas sa classe. Quand il entre en jeu, il y a comme un courant électrique qui passe dans la défense marseillaise. Il est électrocuté, JPP. Ça soude encore plus les joueurs marseillais. Un mur s'est élevé dans les dix-huit mètres.

**Mathieu :** On arrive dans les arrêts de jeu. Je me souviens de l'horloge du stade qui s'arrête et affiche 45:00.

**Charles :** C'est terrible, cette attente. J'en vois qui embrassent leurs médailles. Je comprends combien c'est exceptionnel d'être là, de vivre ce moment.

**Olivier :** L'arbitre siffle la fin du match. C'est démentiel. La libération totale. Je me mets à chialer comme un gosse.

**Mathieu :** Tu es juste heureux avec plein de gens. Tu prends dans les bras tous ceux qui t'entourent. Je comprends que j'assiste à un événement historique. Quand tu es passionné par un club et que ton club est tout là-haut, mais quelle chance... Vraiment, j'ai eu une chance incroyable.

**Charles :** Quand Deschamps lève la coupe, j'ai l'impression d'être monté sur l'Himalaya. Je suis là, j'ai assisté à ça. Je n'en reviens pas.

**Olivier :** Je me souviens que Tapie nous présente la coupe, juste devant moi. Je prends en photo le tableau d'affichage. Il y a marqué « Olympique de Marseille 93 » avec la coupe. Je suis tellement reconnaissant à Basile Boli de nous avoir offert cette émotion.

**Mathieu :** Je reste deux heures dans le stade à chanter. Je me souviens de « We Are the Champions » : je n'avais jamais entendu autant de Marseillais chanter mal en anglais !

**Olivier :** Après le match, je repars vers la gare. Je croise des Milanais qui nous félicitent chaudement. On décide d'échanger nos écharpes. Dans le train, c'est une fête incroyable. Sur notre passage, les gens dehors klaxonnent. Je n'ai pas dormi pendant deux jours.

Le soir même, il y avait la présentation de la coupe au Vélodrome. À peine rentré à la maison, j'ai dit à ma femme : « Je repars ! » Quelques jours plus tard, j'ai même pu embrasser la coupe. Elle était exposée dans une soirée dans laquelle j'étais invité.

**Mathieu :** Dans le bus du retour, on était épuisés mentalement. Tout le monde dormait. On est arrivés à Marseille, la ville était en bleu et blanc. Je n'avais plus de voix. J'ai retrouvé mon père qui m'a dit : « Tu ne te souviendras pas de grand-chose à la fin de ta vie, mais ça, tu t'en souviendras. » Je suis allé prendre une douche chez ma grand-mère et je suis reparti au Vélodrome !

**Charles :** On ne peut pas parler de cette finale sans évoquer le OM-PSG qui a eu lieu trois jours après. Il y avait ce soir-là une ambiance phénoménale. Ça a été la cerise sur le gâteau de cette aventure incroyable.

**Olivier :** C'étaient mes plus belles années de fan de foot. Je rêve que tous les gamins qui vont au Vélodrome aujourd'hui vivent ce que nous avons vécu en 1993.

**Mathieu :** Aujourd'hui, je transmets cette passion à mon petit. Il a six mois mais il a déjà le maillot de l'OM. Il voit les matchs avec moi. J'ai hâte de lui raconter ce que je t'ai raconté là. Quand il sera en âge de comprendre, je lui montrerai la VHS de la finale pour lui faire croire qu'on est toujours champions d'Europe !

---

* Président emblématique des Girondins de Bordeaux de 1978 à 1991.

** L'un des groupes d'ultras de l'Olympique de Marseille.

*** Joueur croate, star de l'OM du début des années 1970.

J'Y ETAIS
J'Y ETAIS

CE BILLET EST RESERVE AUX ABONNES
ET NE PEUT ETRE REVENDU
PARC DES PRINCES
CANAL+
CANAL+
FRANCE / BULGARIE
MERCREDI 17 NOVEMBRE 1993 A 20H45
TRIBUNE
PARIS
220F
I
NIVEAU
ROUGE
ABONNE
3615
FOOT
TAXES ET DROITS DE LOCATION COMPRIS
N° 0519836

**17 NOVEMBRE 1993, PARC DES PRINCES (PARIS)**

# FRANCE 1 - 2 BULGARIE

★

## PÉTRIFIÉS

Mikaël n'est pas venu seul dans le bar d'hôtel dans lequel nous avons rendez-vous. Il a apporté un trésor. Dans un cahier simple aux pages plastifiées, il a conservé tous les billets de tous les matchs auxquels il a assisté dans sa vie. Depuis le premier : un PSG-Nantes au Parc des Princes le 8 février 1981. « Ce n'est jamais anodin d'entrer dans un stade », me confie-t-il. C'était encore moins le cas pour ce France-Bulgarie cultissime dont le ticket bien classé dans le cahier de Mikaël m'apparaît comme une relique.

Ce match est l'un des plus gros traumatismes de l'histoire du foot français. Et sans aucun doute l'un des plus retentissants échecs de l'équipe de France. Il ne manque pourtant qu'un seul point aux Bleus dans les éliminatoires pour se qualifier pour la Coupe du monde 1994. Un petit match nul contre la très faible Israël suffit pour prendre la direction des États-Unis. Pourtant, les Français perdent trois buts à deux. C'est ensuite la Bulgarie qui, quatre jours plus tard, doit servir de faire-valoir. Dans un scénario inimaginable, le Bulgare Emil Kostadinov, dont le nom évoque plus un tueur en série qu'un joueur dans l'esprit de toute une génération de fans de foot français, marque à la dernière seconde le but qui prive dans la stupeur générale les Bleus de World Cup. La Fédération française de football peut remballer les feux d'artifice qu'elle avait déjà prévus, Éric Cantona et David Ginola ne joueront jamais de Coupe du monde. Aimé Jacquet saura, lui, construire dans les ruines laissées par ce match une équipe qui deviendra championne du monde quatre ans plus tard. Mais ça, c'est une autre histoire.

---

## 32 700 SPECTATEURS… ET MIKAËL LE GUEN, 56 ANS, TECHNICIEN GÉOMÈTRE

J'ai grandi en Bretagne où mes oncles et mes cousins étaient à fond dans le foot. Mais moi, mes premiers grands souvenirs se situent plutôt du côté de Saint-Étienne. Devant ma télé, je suis devenu supporter des Verts. J'étais dégoûté lorsqu'ils ont perdu en finale de la Coupe d'Europe en 1976. Puis la Coupe du monde en 1978 m'a marqué. Je me souviens surtout de la finale parce que mon père, que je voyais très épisodiquement, était venu avec son magnétophone. Il avait enregistré le match avec nos commentaires. J'ai toujours la cassette à la maison. On y entend Thierry Roland, et puis moi avec ma petite voix de garçon de 11 ans. Mon père était absent, il était parti avant ma naissance. C'est l'une des rares fois où j'ai pu passer une soirée avec lui.

En 1993, le foot n'avait pas autant de poids dans la société qu'aujourd'hui. Mais pour moi et ma petite bande de potes, ça avait déjà une importance démesurée. C'était une évidence pour moi d'aller voir ce France-Bulgarie. D'abord, il suffisait d'un match nul. Je me disais que j'allais les voir se qualifier et puis qu'on irait ensuite fêter ça. Le match contre Israël, c'était l'accident insensé. Ça ne pouvait pas se reproduire. Et puis surtout, quatre ans plus tard, il y avait la Coupe du monde chez nous, il ne fallait pas déconner ! C'était très facile à l'époque de se procurer des places pour les matchs de l'équipe de France. On a obtenu le plus simplement du monde quatre places à la billetterie du Parc des Princes. Tout a bien changé après 1998...

Ce 17 novembre, quand j'entre dans le stade, je ne suis pas du tout inquiet. Je suis persuadé qu'on va gagner sans problème. Il n'y a presque pas d'enjeu. On est entre copains, on va se qualifier, ça va être chouette. Et puis après on va passer un super été à suivre cette Coupe du monde aux États-Unis, qui s'annonce historique. On a une équipe magnifique, on peut nourrir des ambitions. Le Parc est plein et il n'y a absolument aucun stress. Pour tout le monde, c'est l'occasion de voir un match décisif pour pas trop cher : on va passer une bonne soirée pour soixante-quinze Francs. Tout s'annonce sous les meilleurs auspices !

À la 30e minute, Éric Cantona ouvre le score sur une passe de Jean-Pierre Papin. C'est bon, c'est gagné ! USA, nous voilà ! Mais cinq minutes plus tard, Emil Kostadinov égalise de la tête sur un corner. Pourtant, je dois avouer que ce but ne m'inquiète toujours pas. Tout le monde autour de moi reste très confiant. Les Bulgares ne sont pas dangereux.

On ne les imagine pas du tout inscrire un deuxième but. La seule catastrophe qu'on a connue jusque-là, c'est le France-RFA de la Coupe du monde 1982. Mais ce match était une telle injustice qu'on se dit qu'un scénario pareil ne peut pas se répéter. Et puis les Bulgares, ce ne sont pas les Allemands.

Pendant tout le reste du match, j'attends tranquillement que ça se termine. Je suis sûr qu'on est à l'abri. Honnêtement, c'est un match de merde. Il ne se passe pas grand-chose. En tout cas je ne m'en souviens pas. Il faut dire que la dernière action a effacé tout le reste.

Encore une trentaine de secondes à jouer. Faute sur Ginola sur le côté droit dans le camp français. Aujourd'hui, ce serait réglé : le gars ne se relèverait pas. Il gagnerait du temps à se rouler par terre et le match serait plié ! Mais à l'époque ça ne me choque même pas quand Ginola joue vite le coup franc. Personne ne réagit dans le stade. C'est le foot, quoi ! Ginola a envie de jouer. Il n'est pas titulaire et est très critiqué par le sélectionneur Gérard Houllier, alors il a envie de se montrer. Moi-même, je ne suis pas dans l'optique de sauvegarder cette avance d'un petit but qui nous envoie en Amérique, je me dis au contraire qu'on peut réussir à marquer sur ce coup franc bien placé. Mais Ginola fait un centre catastrophique au troisième poteau, là où il n'y a personne. De toute façon, il n'y a aucun Bleu devant ! Un truc pareil, ça ne pourrait plus exister aujourd'hui. Même les gamins savent gagner des minutes le dimanche matin sur tous les terrains de France. C'était un autre temps. À l'époque, on voulait jouer au foot, aujourd'hui on veut gagner des matchs.

La balle revient à un Bulgare juste devant moi. Je le vois remonter tout le terrain. Mais à aucun moment je ne suis inquiet. Même quand Kostadinov envoie le ballon sous la transversale de Bernard Lama, je me dis qu'il ne peut pas y avoir but. Ça se passe à l'autre bout du terrain, alors je ne vois pas vraiment les filets trembler. Et puis le tir est dans un angle complètement fermé. C'est improbable que le ballon soit rentré. Ça ne peut pas se passer. C'est impossible. Mais je vois Emil Kostadinov lever les bras. C'est là que je comprends. Je me souviens m'être pris la tête dans les mains en me répétant : « Non ! Non ! »

Sidération absolue. Le silence est total dans le stade si bien que j'entends très distinctement les joueurs et le banc bulgares hurler leur bonheur. Pourtant je suis loin d'eux. Tout le stade est pétrifié, seuls les Bulgares sont en mouvement. C'est impressionnant : vingt mecs s'agitent et cavalent dans tous les sens pendant que quarante-cinq mille statues regardent ce spectacle complètement dingue. Le contraste est saisissant. C'est un souvenir à vie.

Tout s'arrête. Il m'a fallu quelques secondes pour comprendre que le but avait été marqué. Il me faut quelques secondes encore pour me rendre compte que le Mondial s'est envolé. L'arbitre siffle la fin du match. C'est la Bulgarie qui part aux États-Unis. Mon été de foot s'effondre. Éric Cantona déclarera quelques minutes plus tard : « Ce n'est pas la fin du monde, c'est la fin de la Coupe du monde. » Mais pour moi, c'était vraiment la fin du monde.

Je me souviens qu'on quitte le stade très rapidement. On marche ensemble sans se dire un mot. Autour de nous, ce n'est que désolation et abattement. Au bout d'un moment, comme pour tenter de relancer la vie et rompre le silence, je propose timidement d'offrir des biscuits à qui en veut. Mes trois potes me répondent d'une seule voix : « Mais qu'est-ce qu'on en a à branler de tes foutus gâteaux, on est éliminés de la Coupe du monde ! » Et nous ne nous sommes plus parlé de la soirée !

J’Y ETAIS
J’Y ETAIS

1/4 FINALE COUPE U.E.F.A.
STADE LESCURE - BORDEAUX
MARDI 19 MARS 1996
F.C. GIRONDINS de BORDEAUX
contre
MILAN A.C.
TRIBUNE DE FACE
Entrée 300 F
OFFSET LEOGNAN R.C. Bx 82 B 715

QUART DE FINALE RETOUR DE LA COUPE DE L'UEFA
**19 MARS 1996, PARC LESCURE (BORDEAUX)**

## BORDEAUX 3 - 0 AC MILAN

★

### IRRÉALISTE

En 1996, Bordeaux offre au foot français l'une de ses plus belles campagnes européennes. De celles qui émerveillent tout un pays. Défaits deux à zéro à San Siro au match aller face au Milan AC, alors meilleure équipe du monde, les Girondins vont tout renverser deux semaines plus tard dans un Parc Lescure en fusion, signant l'un des exploits les plus inattendus de l'histoire des clubs français en Coupe d'Europe. Ce soir-là, trois joueurs vont se révéler devant l'Europe entière : Lizarazu, Dugarry et un certain Zinédine Zidane. J'avais 13 ans et j'avais vibré devant ma télé comme rarement. J'entends encore le hurlement de Michel Platini, qui commentait le match pour Canal+, au moment du troisième but, celui qui éliminait Milan, lui, l'ancien numéro dix de l'éternel rival turinois. Bordeaux terminera sa route en finale cette année-là, battu par le Bayern Munich.
Jérôme et Patrice ont l'amour absolu des Girondins, et les déboires sportifs et financiers actuels du club n'y changent rien. Sans se connaître, ils étaient ce soir-là tous les deux dans le virage sud, celui des ultras bordelais. Le Parc Lescure tout entier a su donner le ton d'une partition jouée à la perfection par des joueurs habités et surmotivés. Pour un miracle que personne n'osait imaginer sur le Port de la Lune.

---

### 32 498 SPECTATEURS… ET PATRICE MORA, 48 ANS, ARCHITECTE, & JÉRÔME BELLY, 47 ANS, FONCTIONNAIRE AU CONSEIL DÉPARTEMENTAL DE LA DORDOGNE

**Jérôme :** J'ai commencé à jouer au foot tout jeune dans ma ville de Boulazac en Dordogne. À la fin des années 1980, j'ai eu la chance de participer à Cap Girondins, un stage d'été organisé par les Girondins de Bordeaux. Au bout d'une semaine de football de rêve, le stage s'est terminé en feu d'artifice : j'ai pu jouer sur la pelouse du Parc Lescure en lever de rideau d'un Bordeaux-Saint-Étienne. Quand je suis entré sur le terrain, au milieu de ce stade magnifique, j'ai eu un déclic. Je suis devenu ce jour-là amoureux fou des Girondins. Et ça ne s'est jamais arrêté. Le Parc Lescure, c'était le stade de ville par définition. C'était difficile d'y accéder et encore plus de trouver une place pour se garer, mais il y avait une âme. Quand on s'en approchait, ça sentait déjà la merguez dans les rues autour. Gamin, j'étais fasciné par ses grandes arches art déco qu'on voyait depuis le boulevard. Plus tard, au milieu des années 1990, quand je suis venu faire mes études à Bordeaux, j'ai pris mes habitudes dans le virage sud. J'étais là à tous les matchs jusqu'à mon retour en Dordogne en 2002. Les Girondins de Bordeaux, c'est le seul club qui me fait vibrer.

**Patrice :** Je me souviens d'avoir suivi à la radio les premiers titres de Bordeaux dans les années 1980, même si j'étais encore un enfant. J'avais un oncle fan des Girondins et à vrai dire, je n'ai toujours eu qu'un seul club dans mon cœur. J'ai grandi à Mont-de-Marsan mais Bordeaux, c'est le club de toute l'Aquitaine. C'est inconcevable pour moi que les petits Bordelais d'aujourd'hui préfèrent supporter Paris ou Marseille. Moi, mes enfants, je ne leur ai pas laissé le choix. J'emmène mon fils aîné au nouveau stade, le Matmut Atlantique, même si on y vit bien moins d'émotions qu'à Lescure. Les Girondins, c'est la passion d'une vie.

**Jérôme :** En 1996, l'équipe fait une saison paradoxale. D'un côté, on rame en Championnat et on frôle même la relégation. D'un autre, on vit une épopée européenne mémorable qui commence dès le mois d'août avec la fameuse Coupe Intertoto, disparue aujourd'hui, nous permettant de nous qualifier pour la Coupe de l'UEFA.

**Patrice :** Cette année-là, on a une équipe extraordinaire. Des guerriers, fidèles au club, comme Dogon, Grenet et Tholot. Et puis on a nos trois pépites : Zidane, Dugarry et Lizarazu. C'est eux qui nous tirent vers le haut. En huitième de finale, face au Betis Séville, c'est d'ailleurs Zizou, surnom qu'il tient justement de ses années bordelaises, qui nous qualifie grâce à un lob somptueux du milieu du terrain. En quart de finale, c'est une montagne qui se dresse face à nous, le Milan AC. Nous, les supporters, on le prend comme une récompense : on va pouvoir faire un beau déplacement en Italie. Les *tifosi*, dans les années 1990, c'est l'exemple à suivre. Alors on veut être à la hauteur. On se retrouve deux mille à San Siro pour le match aller. Les Milanais, eux, ne sont manifestement pas passionnés par la rencontre. Le stade est à moitié vide. Ils n'envisagent pas que Bordeaux puisse leur poser des problèmes. Ils ont raison : nous nous inclinons deux à zéro. Totalement normal au regard de la supériorité des joueurs du Milan.

**Jérôme :** J'ai ma place pour le match retour uniquement parce que je veux voir le grand Milan AC. Honnêtement, je n'envisage pas vraiment que les Girondins puissent retourner le résultat. Dans la ville, il n'y a pas d'excitation ni d'effervescence. Bordeaux, ça a toujours été la Belle Endormie. Il n'y a jamais eu de grande ferveur. En résumé, pour les Bordelais, la messe est déjà dite. Les jours précédant le match, la ville reste calme. Très calme. Mais tout a basculé trois heures avant le coup d'envoi, ce 19 mars 1996. Je rentre dans Lescure dès l'ouverture des portes et je vois ce que je n'avais jamais vu et que je ne reverrai plus à Bordeaux : le virage sud est déjà plein comme un œuf.

**Patrice :** Je sens un parfum particulier quand je prends place dans le virage sud. Quelque chose dans l'air. Il y a du monde partout, y compris dans les escaliers.

**Jérôme :** Les joueurs arrivent sur le terrain en costume pour reconnaître la pelouse, comme à leur habitude. Je les vois se regrouper dans le rond central et nous fixer longuement. Dans le virage, on saute, on chante, on hurle... Ça tremble de partout. J'ai des frissons qui me parcourent tout le corps. Les joueurs restent un moment comme ça, à nous regarder, les yeux écarquillés, avant de rejoindre les vestiaires. Il va se passer quelque chose. Il va y avoir une étincelle.

**Patrice :** Dans le virage, on y croit fort. Et on va entraîner tout le stade avec nous. Pour la première fois, nous disposons d'une sono dans la tribune, ce qui nous permet de nous faire entendre par tout Lescure. L'adrénaline monte et l'ambiance est déjà énorme.

**Jérôme :** Quand les joueurs sortent des vestiaires, ils ont le couteau entre les dents. Ça se reflète tout de suite sur le terrain : ils attaquent le match pied au plancher. Ils gagnent tous les duels et jouent dans le camp de Milanais qui ne s'attendaient pas à une telle intensité. Et au bout d'un quart d'heure, Lizarazu déborde sur son côté gauche puis centre au deuxième poteau face au virage.

**Patrice :** Didier Tholot reprend le ballon comme il le peut. Sa reprise n'est pas terrible, il faut bien le dire ! Il y a un petit moment de flottement, je ne sais pas si le ballon a bien franchi la ligne. Mais je vois Tholot qui lève les bras, alors je comprends. Dans le virage, c'est le chaos. Je dévale toute la tribune et je me retrouve en bas à dix mètres de ma place. C'est de la folie.

**Jérôme :** C'est étonnant comme sensation mais je ne sais plus où je suis. Comme dans un état second. C'est le départ idéal, le scénario parfait. À partir de ce moment, l'ambiance redouble d'intensité. Je n'ai jamais autant sauté et crié de ma vie.

**Patrice :** C'est le but le plus important, celui qui rend le miracle possible. Le stade tout entier y croit désormais. Milan a des occasions mais notre gardien, Gaëtan Huard, nous sauve. On tient le un à zéro jusqu'à la mi-temps.

**Jérôme :** Pendant la pause, je suis excité mais je me dis que les Milanais vont se prendre une soufflante dans les vestiaires. Ils vont forcément revenir avec d'autres intentions et vont vite rétablir la logique sportive. Quand le match reprend, je suis très prudent. À Bordeaux, on ne s'emballe pas ! Est-ce que le match va tourner complètement et Milan, nous piétiner ? Ou est-ce qu'on pourra encore rêver un peu ?

**Patrice :** À la 64$^{e}$ minute, Bordeaux obtient un coup franc sur le côté gauche. Zidane se charge de le frapper. Son centre est détourné par l'arbitre turc, M. Çakar. Son contre malheureux se transforme en passe décisive pour Christophe Dugarry qui ne se fait pas prier pour reprendre le ballon de toutes ses forces dans le but. On égalise sur les deux matchs. On file vers les prolongations. C'est tellement énorme, ce qu'il se passe. Je me dis que clairement, c'est LE soir. On va le faire. Tous ensemble.

**Jérôme :** C'est de la folie dans le stade. On est tous comme des fous. On est revenus à égalité du grand Milan. C'est énorme. Un moment unique. Une communion magnifique avec tout le stade et les copains autour. On s'enlace, on s'embrasse. Inoubliable. Il faut maintenant tenir jusqu'aux prolongations. Milan devient plus pressant. Je me dis qu'on a peut-être une chance aux tirs au but. Alors je me prépare à rester plus longtemps que prévu au stade. Tenir. Coûte que coûte. Jamais au grand jamais je n'imagine qu'on puisse marquer un troisième but. Dans tous les scénarios que j'ai échafaudés dans ma tête avant le match, à aucun moment je ne me dis qu'on peut sortir le Milan AC sur un match sec. C'est irréaliste.

Mais voici qu'arrive la 72e minute. Je vois Zidane remonter le ballon. Sa première passe est contrée par un défenseur mais il arrive à glisser la balle à l'arrache à Dugarry côté droit, qui reprend instantanément. Il en a raté des belles, Duga, dans sa carrière. Mais là, il fait le geste parfait. Sa frappe finit sa course en pleine lucarne. On en pleure dans les tribunes. Mais où suis-je ? Est-ce que je rêve ? Est-ce que je suis vraiment au stade à Bordeaux ?

**Patrice :** 3-0 pour les Girondins ! C'est l'explosion totale dans le stade. Dugarry part en courant dans une joie communicative qui me rappelle celle d'Alain Giresse, un autre grand Bordelais, après son but contre la RFA en 1982. Mais maintenant, c'est l'attente. Terrible. On est tellement près de l'exploit. Si Milan marque, tout s'effondre. La tension est horrible. Insoutenable.

**Jérôme :** Il reste encore vingt minutes à jouer. C'est long, vingt minutes, quand vous êtes si près du bonheur. Je n'avais pas non plus imaginé qu'il faudrait tenir le score contre Milan. Alors on fait corps. Le but de Bordeaux est adossé au virage sud et, pierre par pierre, on construit un mur devant la cage de Gaëtan Huard pour faire front tous ensemble. On est avec eux sur le terrain. On dégage les ballons, on défend, on tacle. Ce soir-là, pour la deuxième fois de ma vie, je joue sur la pelouse de Lescure.

**Patrice :** Au bout du stress, M. Çakar donne le coup de sifflet qui nous libère enfin. J'ai du mal à prendre conscience de ce qu'on vient de vivre. Je viens d'être témoin d'un exploit retentissant dont on va parler pendant des années. Le match d'une vie pour toute une génération de supporters des Girondins. Mais le grand souvenir, c'est surtout la fête qui a suivi.

**Jérôme :** L'après-match a été monstrueux, c'est le moins que l'on puisse dire. Je quitte Lescure très tard, je ne veux rien manquer des célébrations avec les joueurs. On est mardi, le lendemain il y a cours, mais tant pis. On ne bat pas Milan tous les soirs. Direction place de la Victoire, en plein centre-ville. Je me rends compte alors que tout Bordeaux a eu la même idée que moi. Il y a un monde pas possible, les gens font la fête partout. Ils montent même sur les toits des bus ! Les bars sont pris d'assaut, à tel point que, rapidement, ils ne peuvent plus servir une seule bière. Ils ont été littéralement vidés ! Personne n'avait anticipé cet afflux de supporters venus fêter la qualification de Bordeaux contre le Milan AC ce 19 mars 1996. Ce sont des souvenirs ancrés à vie. Encore aujourd'hui, j'aime me repasser les buts. J'avais 19 ans. À cet âge-là, on vit tout à mille pour cent.

**Patrice :** Toute la ville s'est enflammée pour l'équipe ce soir-là. Je ne suis rentré qu'au petit matin. J'ai acheté *L'Équipe* et *Sud-Ouest*. C'est là que j'ai compris la portée nationale de ce match. La France entière avait vibré avec les Girondins. J'en parle souvent aux jeunes supporters qui, eux, malheureusement, n'ont encore rien connu. Pas de titres, pas d'exploits. Alors je leur rappelle que Bordeaux est un grand club qui un jour a éliminé le Milan AC.

J'Y ETAIS
J'Y ETAIS

STADE ROI BAUDOUIN
(Bruxelles)
KONING BOUDEWIJNSTADION
(Brussel)
08.05.1996 te à 20 u. h. 15
TRIBUNE 2
BLOC VAK A
PLACE n° PLAATS Nr. 1321
800F
TAXES COMPRISES - TAKSEN INBEGREPEN
COMPUTERTICKETS VOET - DEINZE TEL. (09) 386.14.44
001321 001321
UEFA
Cup Winners' Cup
© UEFA 1995
FINAL 1996
PARIS ST-GERMAIN
A2
800F
CONTROLE 2

FINALE DE LA COUPE D'EUROPE DES VAINQUEURS DE COUPES
**8 MAI 1996, STADE ROI-BAUDOUIN (BRUXELLES, BELGIQUE)**

## PARIS SAINT-GERMAIN 1 - 0 RAPID VIENNE

★

### LA PEUR DE LA COPIE BLANCHE

Quelques jours avant cette finale, j'avais visité Bruxelles avec mes parents. Comme nous le faisions à chaque fois que nous découvrions une nouvelle ville, mon père et moi n'avions pas pu nous empêcher d'aller jeter un coup d'œil du côté du stade Roi-Baudouin, anciennement stade du Heysel. Mon père voulait se rendre sur les funestes lieux du drame qui s'était joué onze ans plus tôt. Moi, je voulais voir l'endroit où le PSG allait être champion d'Europe. J'en étais convaincu. Nous avons fait le tour de l'enceinte et nous avons aperçu une porte ouverte. Nous nous sommes approchés. On pouvait apercevoir la pelouse. Personne à l'horizon. Alors nous avons continué d'avancer tant et si bien que nous avons fini par pénétrer à l'intérieur du stade. Nous sommes finalement entrés sur la pelouse et nous avons fait des photos devant le but dans lequel Bruno N'Gotty allait donner la victoire à Paris le 8 mai 1996.
Rien au monde n'aurait pu empêcher Nicolas d'assister à cette finale, la première en Europe pour son PSG adoré. « Tes enfants et ta femme peuvent se barrer, m'assure-t-il. Mais ton amour pour ton club ne disparaîtra jamais. » Il a participé ce jour-là à une aventure extraordinaire qu'il a vécue avec toute la fougue et l'intensité de ses 17 ans.

---

### 37 500 SPECTATEURS… ET NICOLAS DAIMANT, 45 ANS, DIRECTEUR FINANCIER

Les stades ne laissent jamais personne indemne. Quand tu passes les tourniquets, tu abandonnes une partie de toi-même. On m'a proposé de dîner au Ritz un soir de Ligue des champions. J'ai refusé. Je ne peux pas faire autrement. Un stade, c'est mieux. Toujours.

J'ai commencé à jouer au foot en suivant un de mes copains de classe en primaire qui jouait au Racing. Pendant trois ou quatre ans, j'allais aux entraînements à Colombes. Et puis Lagardère a repris le club qui est devenu le Matra Racing. Quand on arrivait le mercredi, on croisait les joueurs pros. C'était génial pour nous, gamins, tu imagines ! Il y avait Olmeta, Littbarski, Francescoli... Souvent, le club invitait tous ses licenciés à voir les matchs de l'équipe première au Parc des Princes. La première fois, c'était en 1986... et j'ai défilé sur la pelouse ! Il y avait tous les gamins du club qui mettaient le bazar dans les anciens vestiaires du Parc en briques rouges. Un sacré souvenir. J'avais trouvé le terrain immense quand il avait fallu courir autour. Mes parents étaient dans les tribunes, mon père avait pris sa paire de jumelles pour l'occasion. J'avais même été photographié dans le journal du Parc des Princes.

J'ai toujours été hyper parisien. Je ne supporte pas le cliché provincial anti-Paris. Peut-être parce que j'avais des cousins en Province qui me rebattaient les oreilles avec ça. Je suis globalement très chauvin. Le Racing se perdant dans les méandres de la fin des années Lagardère, je me suis naturellement tourné vers le PSG. Et je suis devenu vraiment à fond pour le club avec la rivalité avec Marseille. Le frère d'un de mes meilleurs potes était fan de l'OM. Il me faisait chier. Il était grand, fort : je manquais d'arguments et il faut dire que le PSG manquait de résultats. Je le vivais mal. Le vent a commencé à tourner avec l'arrivée de Canal+. J'allais au Parc, seul, à 16 ans, en tribune Boulogne. C'était chaud. Ma mère n'aimait pas que j'aille là-bas. C'était vraiment de la folie.

En 1996, après trois demi-finales perdues, Paris accède à la finale de la Coupe des Coupes. J'ai fait tous les matchs au Parc cette saison-là. On allait enfin gagner une Coupe d'Europe et arrêter d'entendre le sempiternel discours des Marseillais qui ont remporté, certes, une Ligue des champions, mais toute personne sensée connaissant le football sait qu'ils ont eu un parcours de Coupe de France en 1993 ! Sauf la finale contre Milan qu'ils gagnent miraculeusement ! Bref, à peine descendues les marches de la tribune après la demi-finale contre La Corogne, je me dis qu'il faut absolument que j'assiste à cette fameuse finale. Je me renseigne vite devant le Parc. Un supporter m'informe qu'elle aura lieu à Bruxelles. Je suis déçu : d'abord, c'est trop près. J'aurais voulu un voyage plus exotique. Et puis c'est un tout petit stade : même pas trente-huit mille places. C'est naze, quoi ! De plus, c'est la première grande finale à Bruxelles depuis le drame du Heysel. Ça m'inquiète un peu, sachant tout ce qui se passe avec les ultras parisiens depuis quelques années. Je me dis qu'il y a un risque que ce match parte en sucette. Par ailleurs, le finaliste n'est pas très prestigieux. Le Rapid de Vienne élimine le Feyenoord Rotterdam de façon assez surprenante. C'est peut-être pas plus mal connaissant les supporters du Feyenoord. Ce sont des fous furieux en termes de hooliganisme.

Pour moi, le plus dur commence : il faut vendre le projet aux parents ! Mais après avoir fait tous les matchs jusque-là, ils ne se sentent pas de m'empêcher de voir le plus important de tous. J'avais prévu d'emmener ma petite sœur, elle aussi complètement dingue du PSG. En 1996, je n'ai même pas 18 ans, elle en a à peine seize. On a besoin de cartes d'identité en bonne et due forme alors on les fait faire en procédure d'urgence juste pour le match. Ensuite, il faut faire la queue devant le Parc des Princes pour obtenir nos précieux sésames. On arrive à quatre heures du matin pour une ouverture des portes de la billetterie à neuf heures... Nous aussi, on l'a bien méritée, cette finale.

Le 8 mai 1996, on part de Paris en fin de matinée. On monte dans le bus des Hoolicool. C'est une section de supporters dont les adhérents ont entre 30 et 50 ans, sont bons vivants, un peu baba cool. Ils passent le trajet à fumer du shit ! Il y en a un qui est chargé de rouler les joints pour tout le monde. Le chauffeur n'en peut plus ! Ce sont des centaines de bus qui se dirigent en escorte vers Bruxelles. C'est un sentiment de conquête assez génial, un phénomène de meute qui nous galvanise. Je me sens fort. J'ai l'impression qu'on va marcher sur la ville ! On nous rediffuse sur les écrans du car le PSG-Real Madrid de 1993. Un supporter totalement défoncé revit le match comme s'il était en direct. On est tous mort de rire.

Arrivés à Bruxelles, nous sortons du bus, ma sœur et moi, avec un mal de crâne pas possible. Alors on se pose dans le parc de l'Atomium pour prendre l'air en attendant qu'on nous autorise à avancer vers le stade. Et puis quand j'entends qu'il est l'heure d'y aller, le stress monte d'un coup. C'est un peu comme quand tu passes un examen : tout va bien tant qu'on n'annonce pas ton nom. Là, ça devient sérieux.

Je comprends pourquoi ça s'est mal passé ici il y a onze ans. C'est un bordel sans nom. J'ai l'impression qu'on ne va jamais réussir à entrer dans ce stade. L'accès est trop exigu pour permettre à tout le monde de franchir les portes. On est totalement entassés. Ça commence à se bousculer. Il y a des enfants et ça devient flippant. Il ne faudrait pas qu'il y ait un mouvement de foule. Certains poussent à l'arrière, plus pour rigoler qu'autre chose, mais ils ne se rendent pas compte que ce n'est pas drôle du tout pour ceux qui sont devant. Le Heysel est dans un coin de ma tête. J'ai grandi avec le souvenir de ce drame. Mon père m'en parle souvent.

Nous réussissons tant bien que mal à prendre place dans notre tribune. Nous sommes placés dans une diagonale, non loin des Boulogne Boys. Pour tout le monde, Paris est ultra-favori. Mais je me méfie du syndrome de Bari. J'ai terriblement peur de me faire enterrer par les Marseillais du lycée. Paris doit absolument gagner. Et puis je ne veux pas voir ma sœur triste. Dans les gradins, l'ambiance est festive. Les anciens encadrent les plus jeunes, comme nous. Les supporters ont installé leurs bâches sur la piste d'athlétisme. Les joueurs entrent enfin sur la pelouse. Je hurle tout ce que je peux. Je vois beaucoup de gens qui se prennent dans les bras. Je serre de toutes mes forces le poignet de ma petite sœur. On y est, on va gagner une Coupe d'Europe.

Le match commence et je suis hyper tendu. Je frissonne à chaque action des Viennois. De plus, après seulement quelques minutes de jeu, Raí se fait sévèrement tacler et s'écroule. Il se relève difficilement. On le voit boiter bas. Il faut se rendre à l'évidence, il va devoir sortir du terrain. La tribune prend un coup de massue. Un coup au moral terrible. Raí est notre leader, notre capitaine. Est-ce qu'on va savoir s'en remettre et jouer sans lui ? Passé ce moment de doute, j'observe ce qu'il se produit sur la pelouse et je remarque bien qu'à part le géant Carsten Jancker, les joueurs du Rapid ne sont pas très dangereux. Je me dis alors que si on est capables d'éviter les coups de pied arrêtés que Jancker pourrait reprendre de la tête, il n'y a pas de raison de s'inquiéter. Mais il faut qu'on marque les premiers.

À la 29e minute, Paris obtient un coup franc plein axe. C'est loin du but. Très loin. Trop loin probablement pour tous les Français devant leur télé. Mais nous, dans la tribune, on connaît bien Bruno N'Gotty. On sait de quoi il est capable. Je ne peux pas te l'expliquer, mais pour nous, c'est une évidence, Paris va ouvrir le score. Djorkaeff décale le ballon et N'Gotty envoie une frappe surpuissante qui finit sa course dans le but des Autrichiens. Je ne suis jamais étonné que des gens meurent de chocs émotionnels dans des stades. De bonheur. Sur le coup, c'est du grand n'importe quoi. On est dans une autre galaxie. Certains sautent par-dessus trois rangs. D'autres attrapent le premier mec devant eux par le T-shirt. Tout le monde s'embrasse avec frénésie. Ma sœur est carrément hystérique. Elle me secoue comme une dingue. Moi, je suis dans un état second. Dans ces moments-là, je porte bien mon nom de famille ! Ce sont des moments de folie complète où tu ne sens plus rien. Tu es ailleurs. Ce n'est que le lendemain que tu te rends compte que tu as pris des coups parce que tu as mal partout ! C'est un bordel absolu jusqu'à la mi-temps. Et puis la pause casse l'ambiance. J'aurais voulu que ce soit déjà la fin du match pour qu'on puisse continuer à faire la fête.

La deuxième mi-temps s'écoule très lentement. Le Rapid Vienne n'est jamais vraiment dangereux mais je ne peux pas m'empêcher de douter. Je suis un peu comme ce gars qui a toujours vingt de moyenne mais qui a la peur de la copie blanche au moment de passer son bac. J'ai l'impression que tout peut s'effondrer en un rien de temps. En fait, la deuxième mi-temps entière j'imagine les pires scénarios. Un penalty ? Une expulsion ? Une glissade d'un défenseur ? Je ne fais que regarder ma montre. Il n'y a plus de football dans ces moments-là.

Il reste quelques minutes. Trois fois rien. Vincent Guérin et Daniel Bravo ratent coup sur coup deux énormes occasions. Presque des fautes professionnelles. J'ai l'impression d'entendre un commentateur dans ma tête lancer la fameuse phrase : « C'est le tournant du match ! » Il y a des journalistes qu'il faudrait mettre en prison ! Bon sang, on devrait profiter de ces dernières secondes, pourtant c'est le grand stress. C'est ce qui rend le coup de sifflet final si merveilleux. Il y a une explosion de joie irrationnelle partagée par tous. C'est fantastique, cette sensation de libération. Un moment inoubliable. Je veux vite voir les joueurs. Ils viennent devant nous avec la Coupe et nous partageons ce bonheur dans une communion magnifique. On chante tous pour la première fois « We Are the Champions ». On a l'impression d'être dépucelés !

Pendant tout le trajet du retour, j'ai imaginé mon arrivée triomphale à l'école. Quand mon père est venu nous récupérer à la descente du bus, on était fous, encore euphoriques. Le lendemain, au lycée, je portais mon maillot fièrement. Je n'étais plus le relou estampillé PSG qui cassait les pieds de ses potes. J'étais celui qui était à la finale de Bruxelles.

J'Y ETAIS
J'Y ETAIS

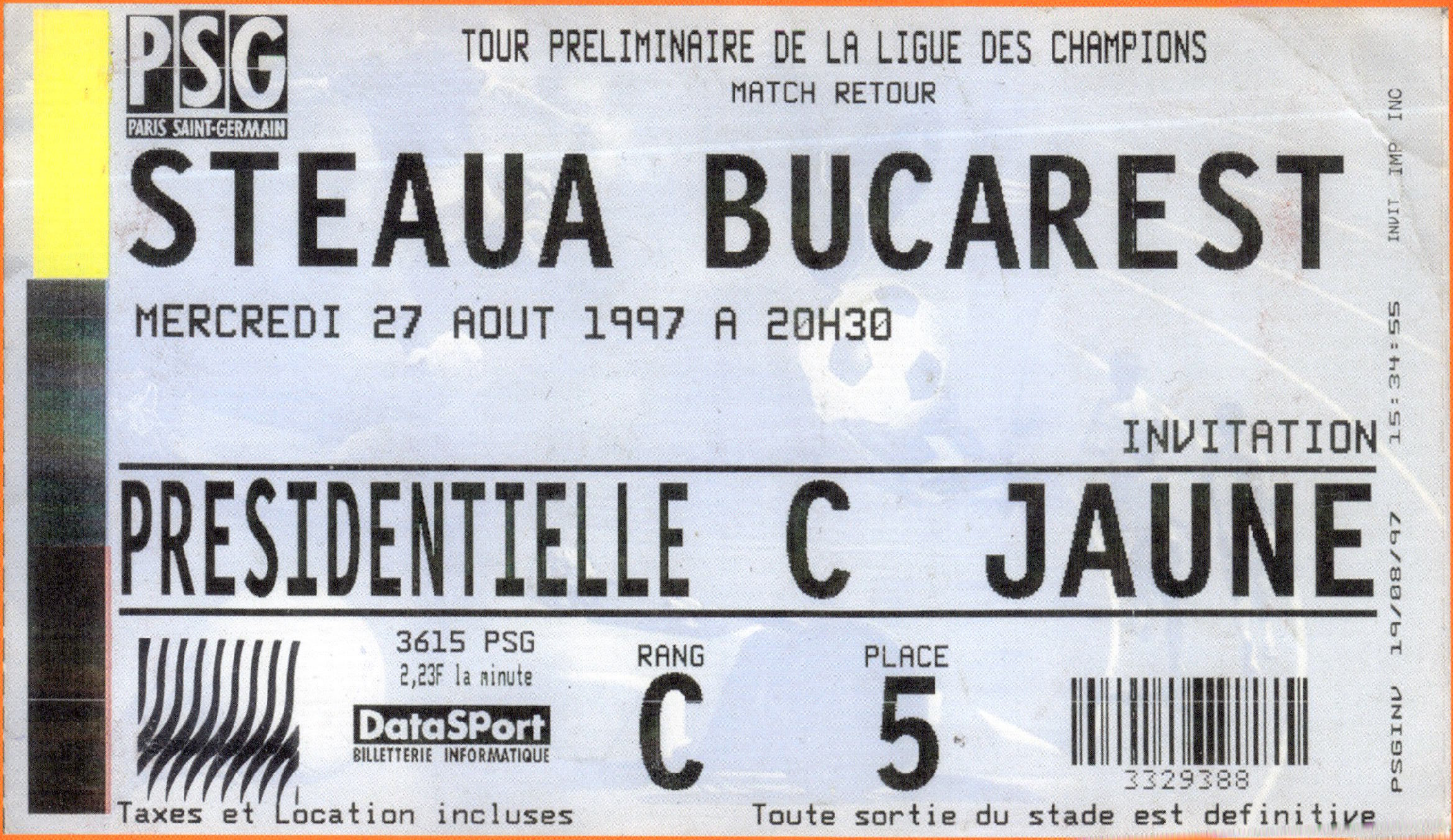
PSG
PARIS SAINT-GERMAIN
TOUR PRELIMINAIRE DE LA LIGUE DES CHAMPIONS
MATCH RETOUR
STEAUA BUCAREST
MERCREDI 27 AOUT 1997 A 20H30
INVITATION
PRESIDENTIELLE C JAUNE
3615 PSG
2,23F la minute
DataSPort
BILLETTERIE INFORMATIQUE
RANG
C
PLACE
5
3329388
Taxes et Location incluses
Toute sortie du stade est definitive
PSGINV 19/08/97
15:34:55
INVIT IMP INC

TOUR PRÉLIMINAIRE RETOUR DE LA LIGUE DES CHAMPIONS
**27 AOÛT 1997, PARC DES PRINCES (PARIS)**

## PARIS SAINT-GERMAIN 5 - 0 STEAUA BUCAREST

### LES PLUS BEAUX MOMENTS

Amoureux des stades et du beau jeu, Tristan fabriquait, jeune ado, ses propres drapeaux, quand il ne demandait pas à sa grand-mère de lui tricoter des écharpes aux couleurs de ses clubs favoris. Il collectionnait les maillots aussi : Nantes, Bordeaux, Monaco, et bien sûr Paris, son grand amour. Tristan est un créatif. Un peu artiste. Un peu provoc aussi. Comme lorsqu'il avait fait le tour du vélodrome du Parc Lescure à Bordeaux lors d'un Bordeaux-Nantes habillé de la tête aux pieds en... Nantais ! Ou comme lors de ce Bordeaux-Monaco, toujours au Parc Lescure, où il portait au milieu de la tribune des ultras bordelais un maillot monégasque. Lorsque Bordeaux a marqué sur penalty, les Bordelais se sont retournés avec l'envie évidente de remettre à sa place cet ado insolent. Mais Tristan avait déjà retiré son maillot, faisant apparaître en dessous le fameux scapulaire des Girondins de Bordeaux, laissant les supporters pantois ! Au Parc des Princes aussi, où, simplement parce qu'il aimait Alain Giresse, alors Bordelais, il a eu l'idée saugrenue de fêter le centième but qu'il allait voir dans un stade en portant le maillot de Bordeaux en pleine tribune Boulogne lors d'un PSG-Bordeaux ! Expérience étonnante de s'entendre insulter par toute une tribune !

Le 27 août 1997, en vacances d'été dans le Sud avec mes parents, je me souviens d'avoir vibré devant mon petit écran avec ce Paris Saint-Germain flamboyant qui avait déjoué tous les pronostics et renversé les Roumains du Steaua Bucarest. Je me rappelle que Thierry Roland avait ressorti pour l'occasion son fameux « Vas-y, mon petit bonhomme » sur le quatrième but marqué par Florian Maurice. Le Parc des Princes semblait plus brûlant que le soleil du Midi. Tristan va me le confirmer.

## 42 685 SPECTATEURS… ET TRISTAN CHALLE, 56 ANS, GRAPHISTE

Mes parents n'étaient pas du tout « sport ». On ne parlait jamais de foot à la maison. À Tours, jusqu'à mes 10 ans, je ne savais même pas qu'il existait des championnats avec des matchs tous les week-ends. Tout a changé lorsqu'on a déménagé en région parisienne. J'ai découvert un environnement où le foot était un lien social entre tous les gamins. Et puis il y a eu la Coupe du monde 1978 en Argentine. Ça a été une révélation. Le foot est devenu une obsession. D'un coup, je me suis retrouvé à écouter les matchs du FC Tours à la radio. J'ai découvert qu'on pouvait éprouver des émotions incroyables grâce au foot. J'étais hystérique devant mon transistor à chaque but marqué par mon idole, Delio Omnis*. Je lisais *France football*, je collectionnais les images Panini. J'étais le seul du collège à porter des maillots de foot. À l'époque, c'était très rare. J'étais vu comme un original. En 1982, j'ai été traumatisé par le France-RFA du Mondial espagnol. Je me rappelle avoir accroché au mur de ma chambre un poster de Rummenigge dans lequel j'avais planté un couteau en plein cœur ! Bien que j'aie mis quarante ans à revoir le match, je ne suis plus fâché avec l'Allemagne aujourd'hui. Je me suis d'ailleurs marié avec une Allemande.

En même temps, ma passion pour le PSG a grandi. Je suis allé pour la première fois au Parc des Princes en 1980. C'est mon oncle et ma tante qui m'y ont emmené. J'avais pris un direct au cœur, je ne m'y attendais pas du tout. J'avais trouvé ça extraordinaire. Il fallait absolument que j'y retourne. J'avais le droit d'aller voir trois ou quatre matchs par an, alors je comptais les jours. C'était la même émotion à chaque fois. J'avais des frissons. Entrer dans le Parc, c'est comme rentrer dans une cathédrale. Au fil des années Canal, j'étais de plus en plus à fond. Au point de devenir anti-Marseillais ! C'est stupide, cette rivalité complètement montée de toutes pièces… En mai 1993, j'avais pourtant vibré devant la finale de Munich. J'étais en Allemagne avec ma femme, on avait regardé le match dans un bar et j'avais même payé ma tournée lorsque les Marseillais sont devenus champions d'Europe !

Être fan du PSG dans les années 1990, ce n'était pas *hype* comme maintenant. Dans les rues, on ne portait pas aussi facilement le maillot qu'aujourd'hui. Même à Paris. J'avais l'impression de faire partie d'un groupe restreint d'initiés en France. Quand je croisais quelqu'un avec le maillot, je le considérais comme un ami. On se reconnaissait. À l'été 1997, le club joue le match aller face au Steaua Bucarest pour se qualifier en Ligue des champions. Pas de quoi effrayer Paris qui, dans une phase ascendante, vient de jouer deux finales de Coupe des Coupes d'affilée. Pourtant, au match aller, le PSG perd à la surprise générale trois à deux. Pire, l'UEFA donne la victoire sur tapis vert 3-0 aux Roumains car Paris a fait jouer Laurent Fournier alors que celui-ci était suspendu et n'aurait donc pas dû figurer sur la feuille de match. On apprend quelques jours plus tard que la faute en reviendrait à un fax oublié par le service administratif du club. Bon sang, on va se faire éliminer par un fax ! C'est la honte. Toute l'Europe se paye nos tronches. Il faut gagner le match retour par quatre buts d'écart pour effacer cette humiliation.

Pendant les deux semaines avant le match retour, je me mets dans la tête qu'on va y arriver. On ne peut pas se faire éliminer comme ça. Ce n'est pas possible. On ne peut pas être la risée de l'Europe. Comme il n'y a pas encore les réseaux sociaux, je n'ai aucun moyen de connaître l'état d'esprit des autres supporters. Est-ce que, comme moi, ils y croient ? Est-ce que le Parc sera plein ? Moi, en tout cas, je sens qu'il va se passer quelque chose. J'en parle d'ailleurs à deux de mes collègues qui ne s'intéressent pas au foot et qui n'ont jamais mis un pied dans un stade. Je leur propose de m'accompagner. Je leur assure qu'ils ne peuvent pas rater ce match. Il faut y être. On peut dire que j'ai eu le nez creux.

Souvent, avant un match de Coupe d'Europe, l'ambiance est électrique. Quand j'arrive aux abords du Parc des Princes, ce 27 août 1997, l'atmosphère, pourtant, est très différente. Bizarrement, il n'y a aucune tension. Seulement l'urgence d'entrer dans le stade. D'habitude, les supporters vont boire un verre dans les bars qui jouxtent le Parc des Princes pour combler le temps avant le coup d'envoi. Là, tout le monde a hâte d'en découdre. Il faut y aller et gagner ce match ! Quand je pénètre dans le Parc, je me rends compte que tout le public est comme moi :

surmotivé ! C'est génial ! Je suis rassuré et excité. Je n'avais jamais senti ça dans un stade. Et je ne l'ai jamais plus ressenti après. Il y a une confiance qui transpire des gradins, comme un rouleau compresseur prêt à s'ébranler. On va le faire ! Tous ensemble ! Mes collègues sont impressionnés par le bruit hallucinant qui sort des travées. Le stade tout entier chante, bien avant que le match ne commence. Ce soir-là, il n'y a que des supporters au Parc. Le peuple parisien a été humilié, il est maintenant temps de faire taire les mauvaises langues.

Le match commence dans une ambiance surchauffée. Et dès la 2e minute, un penalty est sifflé pour Paris. Tout ce que j'avais espéré est en train de se produire. C'est fou ! Raí marque et le stade explose une première fois. Je me dis que maintenant les buts vont s'enchaîner. C'est une tornade qui emporte le Parc. À la 23e minute, Raí marque sur un corner. Puis dix minutes plus tard, c'est Marco Simone qui vient inscrire le troisième but, celui qui efface déjà le score du match aller. J'ai une impression de toute-puissance. On va les écraser ! Je prends conscience que je regarde le match debout sur les marches. Je ne suis même pas devant mon siège. Et mes collègues sont comme moi. Et tout le public est comme moi ! Personne n'arrive à rester en place. Il y a une forme d'hystérie qui envahit le Parc des Princes. Ce n'est plus un stade, c'est un chaudron qui est en train de bouillir. Je me souviens qu'il n'y a aucun temps mort dans les tribunes. Le curseur est au maximum en permanence. Le public chante sans interruption. C'est magnifique.

Je suis placé dans un virage, du côté du but parisien gardé par Christophe Revault. À la 40e minute, je vois devant moi au niveau du poteau de corner Paul Le Guen relancer le ballon vers le rond central. Le reste de l'action se déroule comme dans un rêve. La talonnade magique de Marco Simone envoie le ballon parfaitement dans la course de Leonardo. Le Brésilien n'a plus qu'à lancer en profondeur Florian Maurice, plein axe. Le jeune attaquant français a quarante mètres à parcourir avant d'arriver face au gardien. Ce sont les plus beaux moments quand on a le temps de voir le but venir. La clameur monte à mesure que Maurice s'avance vers la cage roumaine. Il va la mettre ! Il va la mettre ! Tout le stade hurle, pousse son joueur. Jusqu'à la frappe, limpide, qui bat le gardien. L'explosion en forme de libération est complètement dingue. 4-0. Paris l'a fait. En moins d'une mi-temps, Bucarest est renversé. On est passé de la honte à la fierté.

Je me souviens d'être sur un nuage. Le stade tout entier paraît suspendu. En deuxième mi-temps, Raí ajoute un cinquième but, son troisième du soir, celui qui nous met définitivement à l'abri. Je n'ai plus aucune crainte, je sais que cette équipe-là ne se laissera pas remonter. Avec le PSG d'aujourd'hui, je serais beaucoup moins serein ! Le match se termine dans l'euphorie. Mes collègues sont époustouflés par leur soirée. Personne ne quitte le stade. On a envie de rester, d'étirer ce moment. On a envie de féliciter nos joueurs. De les remercier surtout. Merci pour ce match extraordinaire qu'ils nous ont offert. Et puis merci d'avoir sauvé notre honneur.

Un tel match, forcément, ça fait parler. Surtout les jaloux. Quelques jours après, on a commencé à entendre des rumeurs, des suspicions de match truqué. Ça m'a fait peur : l'affaire VA-OM** était encore dans toutes les têtes. Je me souviens d'avoir visionné de nouveau le match que j'avais enregistré sur une cassette pour voir si je ne percevais pas des actions un peu louches ! Mais non, rien, cette victoire avait été obtenue à la régulière. Nous, on n'est pas Marseille !

---

* Buteur argentin du FC Tours au début des années 1980, il a fait l'essentiel de sa carrière à l'AS Monaco. Il est toujours le meilleur buteur de l'histoire du Championnat de France.

** Affaire de corruption à la suite d'un match Valenciennes-Marseille en 1993.

FEDERATION FRANCAISE DE FOOTBALL
STADE DE FRANCE
MERCREDI 28 JANVIER 1998
19H15:SPECTACLE INAUGURAL
SUIVI A 20H45 DU MATCH
FRANCE/ESPAGNE
3615 FOOT
1,29F la minute
0836681919
2,23F la minute
SECTEUR
EST
PORTE
H
BLOC
H7
TRIBUNE
HAUTE
RANG
72
PLACE
6
INVITATION
Taxes et Location incluses
1021810100279398
Stade de France
FEDERATION FRANÇAISE DE FOOTBALL
CANAL+
IMP DATASPORT
BRIAND 15/01/98 11:18:00 IFFA

## FRANCE 1 - 0 ESPAGNE

★

### UNE SEULE FRANCE

Avec Booder, le football n'est jamais bien loin. Et on n'est jamais à l'abri des surprises. Pendant qu'il me raconte au téléphone son émotion lors de la dernière demi-finale de Coupe du monde qui a opposé la France au Maroc, lui qui est né à Bouarfa avant d'arriver en France un an plus tard, il est happé par une rencontre impromptue. C'est Robert Pires, l'ancienne star des Bleus, qui l'interrompt pour le saluer chaleureusement. C'est tout Booder. Personnage drôle et attachant, humoriste et comédien à succès doublé d'un être humain généreux, il me raconte son football. Celui des quartiers. Celui du partage et de la fidélité. Le foot qui unit.
Le 28 janvier 1998, Booder a 20 ans et se retrouve à assister au match inaugural du Stade de France dans des conditions pour le moins particulières. Dans le froid glacial de Saint-Denis, la France bat l'Espagne un à zéro grâce à un but de Zinédine Zidane. Six mois plus tard, le Stade de France entrera définitivement dans la légende en étant le théâtre du premier succès planétaire des Bleus.

---

### 78 835 SPECTATEURS… ET BOODER, 46 ANS, HUMORISTE

Le foot, ça reste un sport populaire. Il faut juste un ballon, des blousons pour faire des cages, et des potes. Pas de questions de couleur de peau, de niveau social ou de religion. Tout le monde sur un pied d'égalité.

J'ai grandi à Paris dans le 10e arrondissement. Dès l'âge de 4 ou 5 ans, j'allais jouer au square. Mon surnom, je le tiens du joueur marocain Aziz Bouderbala que j'adorais. C'était la star de l'équipe nationale marocaine et celle du Matra Racing à la fin des années 1980. Je voulais inscrire son nom sur mon maillot mais il n'y avait pas la place, donc j'ai raccourci à Bouder. On a commencé à m'appeler comme ça dans le quartier. C'est resté.

J'ai commencé à jouer dans un club en poussins mais, comme je ne grandissais pas, je n'ai pas pu monter de catégorie. Pour me permettre de continuer à jouer, mon entraîneur a triché sur ma date de naissance. Je suis resté en poussins peut-être deux ans de plus, et puis j'ai arrêté. Contrairement à ce qu'il y a souvent écrit sur moi, je n'aurais jamais pu devenir professionnel. Mais j'étais un bon dribbleur. J'ai continué à jouer au quartier.

À 7 ans, je suis rentré pour la première fois dans un stade. C'était à Colombes pour un match du Matra Racing. C'était un club populaire, le club de banlieue qui s'invitait avec les meilleurs. Le PSG, c'était déjà plus huppé. Je me souviens, je partais avec les grands du quartier. On avait des places grâce à la mairie, tout en haut du Parc. On voyait les joueurs tout petits. On ne pouvait voir que le haut des crânes de Raí, Valdo et Ginola. Comme dans le jeu *Kick off*! C'est à ça que ressemblait notre foot à l'époque. On repartait vingt minutes avant la fin des matchs pour ne pas rater le dernier train et pour ne pas croiser les skinheads des Boulogne Boys. Quand j'arrivais à la maison, souvent le score n'était pas le même que quand on était partis. Le dimanche matin, je regardais le top but dans « Téléfoot ». Pour voir les matchs, il fallait avoir Canal+. Moi, mon foot était en clair.

En 1986, le Maroc devient la première équipe africaine à passer le premier tour d'une Coupe du monde. En huitième de finale, c'est l'Allemagne qui se dresse face à nous. À trois minutes de la fin, l'Allemand Lothar Matthäus marque sur coup franc le but qui élimine les Marocains. Je me suis effondré en larmes. C'était la première fois que je pleurais devant un match. J'étais inconsolable. Ce soir-là, je n'ai pas mangé, j'étais vraiment mal. J'avais 8 ans.

Lorsque le Stade de France a été construit, la société Eurest s'est mise à chercher des gens pour travailler dans les buvettes du stade. Mon frère a envoyé ma candidature. J'ai été pris. C'est comme ça que le 28 janvier 1998 je me suis retrouvé à la buvette 111. Je suis arrivé une heure et demie avant le début du match. J'ai eu le souffle coupé pendant quelques secondes. Je me suis senti tellement petit dans ce stade immense. Et puis j'ai vite été rappelé à l'ordre pour aller travailler.

Ils m'avaient prévenu que je n'étais pas là pour regarder le match mais pour vendre des boissons. Mais je n'ai pas pu m'empêcher. À peine le coup d'envoi donné, j'ai prétexté que j'avais besoin d'aller aux toilettes, j'ai enlevé mon blouson et je me suis assis sur les marches. C'était la première fois que je voyais l'équipe de France en vrai.

Il faisait très froid. Il avait neigé. J'avais le cul glacé ! La neige avait été déblayée sur le côté. Le terrain était quasiment impraticable mais c'était l'inauguration du stade, pas possible d'annuler. Quand j'ai entendu la *Marseillaise*, ça m'a fait quelque chose. Ça m'a pris aux tripes. J'avais l'impression que j'allais jouer moi aussi ! Les gens autour étaient heureux. Tout le monde parlait déjà de la Coupe du monde. Ils voulaient la gagner. Moi, j'étais sûr qu'on allait finir dans le dernier carré. Et puis, il y avait Zidane. J'étais sous le charme. Il n'était pas comme les autres. Il était technique mais il était grand, ce qui était rare à l'époque. Les techniciens étaient plutôt des petits gabarits. Il était très impressionnant. D'ailleurs, c'est lui qui a marqué ce soir-là. J'ai vu tout le match, là, sur les marches gelées. Et ensuite je me suis fait virer !

J'ai adoré l'été qui a suivi. Je ne suis pas allé voir de matchs au stade mais de toute façon l'ambiance était meilleure encore dans la rue. Les gens s'embrassaient. On riait ensemble. C'était une France unie. Une seule France.

La passion est toujours aussi forte aujourd'hui. Même si je dois dire que j'ai une préférence pour le foot amateur. Je suis très proche du club d'Aubervilliers, qui joue en Nationale 2. Ça me donne des émotions que je ne retrouve pas dans le foot pro. Chez les amateurs, il y a encore l'amour du maillot. L'amour du club.

Quand je suis en tournée, je me prépare comme un footballeur. Je me dépense beaucoup sur scène, je parle tout seul pendant une heure quarante-cinq, c'est physiquement épuisant. L'année passée, j'ai fait près de cinq cents dates. Je t'assure que c'est du sport. Alors j'ai une hygiène de vie qui me permet de tenir la distance. Je ne bois pas, je ne fume pas, je fais des siestes, je me mets au vert ! J'arrive à la salle deux heures avant le spectacle. Je m'imprègne des lieux du théâtre comme un joueur vient reconnaître la pelouse avant un match. Puis je fais un petit footing sur scène, parfois même je m'étire. Et quand je sors de la loge, que je prends le couloir qui mène à la scène, c'est vrai qu'il m'arrive d'entendre la musique de la Ligue des champions dans ma tête !

SAINT-DENIS - STADE DE FRANCE
MERCREDI 08 JUILLET 1998 A 21H00
DEMI-FINALE
TRIBUNE
OUEST BASSE BLEUE
ACCES
S13
RANG
17
PLACE
28
MATCH
62
359171
FIFA
INVITATION
FIFA
For the Good of the Game
FRANCE 98
COUPE DU MONDE
COUPE DU MONDE DE LA FIFA - FRANCE 98
540
CG2MJX-LC7CBX
SAINT-DENIS - STADE DE FRANCE
MERCREDI 08 JUILLET 1998 A 21H00
DEMI-FINALE
OUEST BASSE BLEUE
359171
S13
INVITATION
17
28
May 23 1998 10:31AM
C'est beau un monde qui joue

# FRANCE 2 - 1 CROATIE

★

## COQ EN STOCK

Si vous suivez régulièrement les matchs de l'équipe de France, vous avez forcément déjà vu dans votre petit écran le visage rempli de bonhomie de Clément Tomaszewski, plus connu sous le nom de Clément d'Antibes. Perpétuellement accompagné de son coq Balthazar, il est une figure inévitable des supporters des Bleus depuis plus de quarante ans. Le 19 juin 2023, il a fêté son trois centième match lors d'un France-Grèce au Stade de France. Comme il aime à le souligner, cela représente dix-sept jours dans un stade ! À 76 ans, Clément aura suivi les Bleus dans quarante-cinq pays et aura assisté à neuf Coupes du monde.
Cette demi-finale du Mondial 1998 restera évidemment l'un des sommets d'émotion de sa vie en Bleu. Grâce à Lilian Thuram et son doublé historique et miraculeux, elle permettra à Clément de solder le souvenir douloureux à plus d'un titre de la demi-finale perdue de 1982.

---

## 76 000 SPECTATEURS… ET CLÉMENT TOMASZEWSKI, DIT CLÉMENT D'ANTIBES, 76 ANS

Je suis né en Algérie mais j'ai grandi à Bergerac. Toute la famille avait débarqué dans le Sud-Ouest, alors évidemment j'ai joué au rugby jusqu'à mes 20 ans. Le foot était assez loin de moi à cette époque. Et puis, en 1968, mes parents ont déménagé à Saint-Laurent-du-Var, au bord de la Méditerranée, pour suivre mon frère qui était devenu flic à Nice. Je les ai donc rejoints après mon service militaire. Puis j'ai rencontré ma femme à Antibes. Et je ne suis plus jamais parti.

Dans les années 1980, j'ai connu mon copain Banel. Il était souffleur de verre à Biot. Son père était un grand supporter de Nice. C'est Banel qui m'a transmis la passion du foot. Il m'a fait aimer le Gym, comme on disait à l'époque. On allait ensemble assister aux entraînements de l'équipe le mardi matin. La star, c'était Daniel Bravo. En mai 1982, il se blesse et doit dire adieu à la Coupe du monde en Espagne. Lors d'un entraînement, je le vois triste à pleurer sur le bord du terrain. Alors je lui lance : « Dany, si tu ne peux pas y aller, nous irons, Banel et moi ! » C'est donc pour remonter le moral de Daniel Bravo que ma grande aventure avec l'équipe de France a commencé.

C'était une vraie expédition de partir en Espagne. Nous n'avions rien programmé. Il a fallu trouver des excuses pour ne pas aller bosser. On est partis d'Antibes avec une voiture qu'on avait achetée la veille. On n'avait même pas les papiers ! On est arrivés à Bilbao pour le premier match face à l'Angleterre, le 16 juin, sans billets non plus, évidemment ! On a acheté deux places à un type dans un bar pour trois fois rien. Tout ça était bon enfant. On se mélangeait tous sans problème. D'ailleurs, les Anglais chantaient mieux la *Marseillaise* que moi ! On ne peut pas dire qu'il y avait vraiment des supporters, tout le monde était en « civil ». Sauf Banel qui ne quittait jamais son maillot de l'OGC Nice.

Ce jour-là, on a réussi à trouver l'hôtel dans lequel les joueurs étaient installés. Sur le côté, il y avait une porte dérobée par laquelle les employés des cuisines sortaient les poubelles. Il n'y avait pas la sécurité d'aujourd'hui autour des joueurs. Les accréditations n'existaient pas. Alors on s'est infiltrés et on s'est retrouvés dans un grand salon au niveau de l'entrée principale. Le premier que j'ai vu, c'était Jean Tigana. Ils étaient tous là. L'équipe de France au grand complet. C'était fabuleux. Des instants magiques.

Le soir venu, au stade San Mamés, j'ai vécu ma première *Marseillaise*. J'ai beaucoup pensé à mon père. Il était polonais et était devenu français en entrant dans la Légion étrangère. Français par le sang versé, comme on dit. Il était très reconnaissant envers la France. Derrière moi, il y avait Dalida. Il faisait très chaud, alors son maquillage bleu-blanc-rouge coulait sur son visage. J'étais fasciné par elle, tellement que j'ai raté le but français, marqué après seulement vingt-sept secondes de jeu ! Les Bleus se sont finalement inclinés trois à un, mais ma passion pour l'équipe de France s'est révélée ce soir-là.

J'avais un autre grand copain. Il s'appelait Balthazar Rocomandato. Il était d'origine espagnole, comme moi du côté de ma maman. On se retrouvait pour jouer à la belote ou aux boules. Il aimait le foot au moins autant que le pastis. Il avait de la famille à Séville alors quand il a appris que les Bleus allaient y jouer leur demi-finale de Coupe du monde face à la RFA, il m'a proposé de m'y rendre avec lui. On est allés à l'office du tourisme où on nous a vendu deux packs qui comprenaient deux billets d'avion, deux places pour le match et... une cage pour transporter un animal ! La famille de ma femme possédait une ferme, alors j'y ai choisi une petite poule toute blanche dont j'ai peint les ailes en bleu. Mais la veille de partir, l'office du tourisme m'a appelé pour m'annoncer que le charter était à moitié vide et qu'il fallait donc maintenant payer deux fois le prix annoncé ! On n'était pas riches à l'époque, c'était une somme bien trop importante pour nous. Le 8 juillet 1982, nous sommes donc restés en France et nous avons pleuré devant notre télé comme tous les Français en voyant les Allemands filer en finale à notre place. Peu de temps après, Balthazar est tombé malade. Une cirrhose. Il dépérissait. J'allais souvent le voir à l'hôpital et, à chaque fois, il me répétait : « Tu te rends compte, on aurait pu aller à Séville... » Il est parti à la fin de l'année 1982.

Seize ans plus tard jour pour jour après ce France-RFA qui nous a brisé le cœur, le 8 juillet 1998, la France dispute une nouvelle demi-finale de Coupe du monde. J'arrive ce jour-là devant le Stade de France, armé d'un coq nain d'à peine un kilo que je peux cacher sous mon maillot. Je l'ai acheté quelques jours avant. Je passe pour un charlot : les autres supporters transportent des coqs gros comme des autruches ! Il faut bien lui donner un nom, à ce pauvre coq. Alors en hommage à mon vieux copain et en souvenir de Séville dont les Bleus allaient ce soir-là conjurer la malédiction, je décide de l'appeler Balthazar.

Avant même le début de la Coupe du monde, je suis tellement confiant que j'achète déjà des places pour la demi-finale et la finale. À cette époque, ma nièce habite au bord du canal Saint-Denis alors, le soir, nous faisons des grillades en admirant le Stade de France. Ce Mondial est le nôtre, il ne peut pas en être autrement. Ce soir décisif de France-Croatie, je suis accompagné par mon fils, Christophe. On entre en tribune nord. Entrée 15. Rang 17. Places 8 et 7. J'ai un grand drapeau tricolore autour de la taille, dans lequel je cache Balthazar.

Il n'y a pas beaucoup de Français dans les tribunes. L'ambiance n'est pas exceptionnelle. Pour moi, les choses ont vraiment changé après ce match. Je ne pouvais pas imaginer la folie qui allait s'emparer de la France entière. En attendant, moi, j'y crois. Même après une première mi-temps très tendue qui se termine par un triste 0-0. Après tout, on a Zidane, on a Barthez, on a une défense de fer. Mais dès la reprise, après seulement quelques secondes de jeu, la Croatie ouvre le score. Je suis juste au-dessus du but, merveilleusement placé pour voir Davor Suker nous assassiner. Ça me rappelle Bilbao, ce but ultra-rapide. Sauf que Dalida n'est plus là. Sauf qu'on va encore être privés de finale, comme à Séville. Alors je pousse un cri de désespoir.

Le jeu reprend. Je ne vois pas bien ce qu'il se passe là-bas, de l'autre côté du terrain. J'ai à peine le temps de reprendre mes esprits que Thuram s'arrache pour envoyer le ballon dans les buts croates. Les filets tremblent. Je ne comprends pas tout de suite mais la France vient déjà d'égaliser. Ça fait comme un tsunami dans le stade. Ça saute dans tous les sens autour de moi. J'en ai encore des frissons.

À vingt minutes de la fin, Lilian Thuram envoie une frappe pleine de rage qui trompe le gardien croate. 2-1 pour les Bleus. Mon fils s'accroche à moi. Je lui dis, rempli de fierté : « Christophe, on est en finale ! » C'est inéluctable. L'expulsion injuste de Laurent Blanc n'y change rien. C'est notre soir. Je passe sur l'écran géant du stade avec Balthazar que j'avais sorti de sous mon drapeau. La fête qui suit sur les Champs-Élysées est fabuleuse.

Les inscriptions au dos de mon maillot avaient coulé avec la chaleur, alors le lendemain je suis allé chez Decathlon pour me le refaire floquer. C'était marqué : « Tomaszeswski Clément, président des Hospitaliers d'Antibes. » « Un peu long ! » me dit le vendeur. Alors j'ai pensé à Clément d'Antibes. C'est resté. Aujourd'hui, où que j'aille, on me reconnaît et on m'appelle par ce nom. J'ai mis Antibes sur la carte de France !

Pour la finale, les dieux du foot étaient avec les Bleus mais aussi avec moi. Arrivé devant le stade vers 17 h 30, j'ouvre ma banane pour sortir ma place et… rien ! Plus de billet ! J'avais dû le faire tomber sans m'en rendre compte. Il y avait une compagnie de CRS non loin de moi. Je leur explique la situation. Une chance, ils viennent de Saint-Laurent-du-Var. Ils m'emmènent à une porte du stade, dans un petit local, pour prendre ma déposition. Ils me demandent d'attendre. Le temps passe, le coup d'envoi se rapproche, mais personne ne s'occupe de moi. Au bout d'un moment, l'un des CRS passe la tête, me fixe et me fait un grand clin d'œil. Je comprends le message. C'est donc sans billet et avec un coq sous le bras que je suis entré dans le Stade de France le 12 juillet 1998 et que j'ai assisté au sacre des Bleus. Après le coup de sifflet final, nous étions à peine champions du monde que je suis passé pendant quatorze longues secondes sur toutes les chaînes du monde, accompagné de mon fidèle Balthazar.

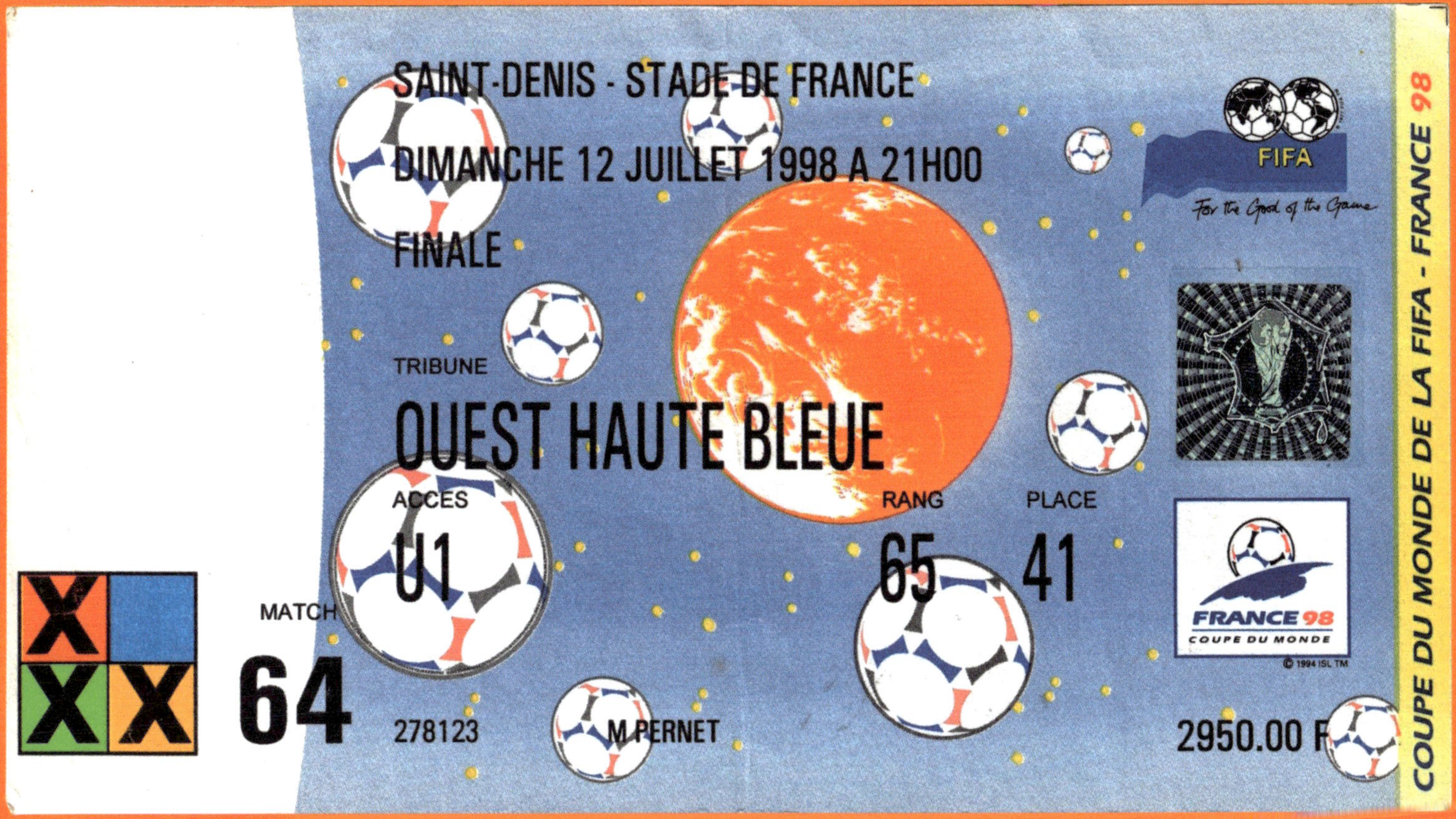
SAINT-DENIS - STADE DE FRANCE
DIMANCHE 12 JUILLET 1998 A 21H00
FINALE
TRIBUNE
OUEST HAUTE BLEUE
ACCES
U1
RANG
65
PLACE
41
MATCH
64
278123
M PERNET
2950.00 F
FIFA
For the Good of the Game
FRANCE 98
COUPE DU MONDE
© 1994 ISL TM
COUPE DU MONDE DE LA FIFA - FRANCE 98

## FRANCE 3 - 0 BRÉSIL

★

### UNE PREUVE D'AMOUR

Dans un match de foot, on vit des émotions tellement uniques que c'est un privilège de les partager avec ceux qu'on aime. Le 12 juillet 1998 reste pour moi un souvenir de bonheur extraordinaire. Mais c'est aussi mon plus grand regret. Car je n'ai pas vu le match avec mon père. J'avais 16 ans et mes amis m'ont proposé de les accompagner au vieux cirque municipal de ma ville, Amiens, dans lequel un écran géant avait été installé. Comme beaucoup de Français, mes amis découvraient le foot cet été-là et ils n'avaient pas conscience de l'événement historique auquel on assistait. À la fin du match, ils descendaient déjà l'escalier pour repartir et c'est à peine si j'ai aperçu Deschamps soulever la Coupe. Le lendemain, quand mon père est rentré du travail, on s'est pris dans les bras sans se dire un mot. On était heureux et on s'était compris.
Frédéric a eu la chance immense d'assister à ce moment fabuleux pour les Français aux côtés de son papa, malheureusement décédé depuis. Toute son enfance, il avait entendu son père lui promettre que si la France jouait un jour une finale de Coupe du monde, ils iraient ensemble au stade. Ce fut un cadeau doublement précieux : d'abord, Frédéric a vu les Bleus devenir champions du monde devant ses yeux. Mais aussi une voie fut tracée à jamais dans sa vie, celle de toujours tout faire pour montrer à ceux qu'on aime qu'on les aime.

---

### 80 000 SPECTATEURS… ET FRÉDÉRIC CHAZALY, 51 ANS, DIRECTEUR DES OPÉRATIONS IMMOBILIÈRES POUR LE GROUPE ORANGE

Mon père était un fondu de sport. Le cyclisme, la Formule 1, et le foot, bien sûr. C'était l'équipe de France qui le faisait vibrer. Quand il y avait des grands matchs, mes parents invitaient du monde à la maison. Mon père allumait le barbecue, sortait des bouteilles de vin et la télé était au centre des débats. Le foot était une échappatoire pour lui. Ce n'était pas un expressif mais il se libérait devant les matchs. Qu'est-ce qu'il était chauvin ! L'arbitre avait souvent tort avec lui. Aujourd'hui je fais perdurer cette vision d'un football festif et fédérateur en invitant toujours du monde à la maison les soirs de match.

Mon père a connu toute la frustration du football français qui a souvent caressé le rêve d'une grande victoire en Coupe du monde. Alors en 1998, avec l'équipe qu'on avait, il y croyait. Il m'a emmené d'abord voir France-Arabie saoudite, le 18 juin. C'est la première fois que je goûtais à l'ambiance Coupe du monde. J'avais adoré la communion qu'il y avait entre tous les supporters. J'étais déjà allé voir quelques matchs du PSG au Parc des Princes mais tout ça était encore nouveau pour moi. Mon père, lui, était dans son élément. Les stades, il les connaissait par cœur.

Le lendemain de la demi-finale gagnée face aux Croates, mon père m'appelle et m'annonce qu'il nous a trouvé des places. Il m'emmène voir la finale. Au début, je ne me rends pas vraiment compte. Je commence à comprendre lorsqu'il vient me chercher pour aller au Stade de France, ce fameux dimanche 12 juillet. Mon père, en conduisant, commente la composition de l'équipe. Il est en colère parce que Aimé Jacquet a décidé de titulariser Stéphane Guivarc'h. Le sélectionneur en prend pour son grade ! À la radio, les journalistes nous racontent presque ce que les joueurs ont mangé au petit déjeuner. Mon père est stressé par l'absence de Laurent Blanc, expulsé contre la Croatie, qui est le leader de notre défense.

On se gare porte Dauphine pour prendre une navette qui nous amène au stade. Dans le bus, pas un bruit. Une tombe ! L'ambiance est tellement pesante. Il n'y a que la radio qui parle. J'ai franchement l'impression qu'on nous emmène à l'échafaud. J'aperçois le toit du Stade de France lorsque nous arrivons à Saint-Denis. Le bus avance difficilement, il y a des bouchons. Sur le boulevard, une marée humaine progresse dans le silence.

On entre dans le stade deux heures avant le coup d'envoi. On a des super places, au centre du terrain, devant la ligne médiane, assez proche du terrain. Il n'y a que sur le banc de touche qu'on serait mieux ! Le stade se remplit tranquillement. Puis, les joueurs viennent s'échauffer sur la pelouse. C'est génial de les voir aussi près, mais l'atmosphère est toujours aussi tendue. Honnêtement, j'ai connu plus tard des ambiances bien meilleures au Stade de France. Ce soir-là, c'est spécial, c'est une finale de Coupe du monde, et puis il y a beaucoup d'invités, de gens qui n'ont pas forcément l'habitude des stades. Il y a une atmosphère d'église. Voilà, c'est ça, on se prépare à vivre un moment religieux.

Je me souviens qu'une mallette Vuitton arrive sur la pelouse. Elle s'ouvre et la coupe du monde apparaît, brillante et lumineuse. Je suis émerveillé. Je me revois, gamin, devant mes images Panini. Mais je dois avouer que je suis fataliste et que je ne crois pas vraiment que les Bleus peuvent gagner cette finale.

Le coup d'envoi est enfin donné et le Brésil a beaucoup d'occasions. Je crains leurs individualités : Rivaldo, Bebeto, Ronaldo... Je me souviens d'un centre que Barthez arrive à capter sur sa ligne. Heureusement que le gardien français est dans un bon soir. Et puis, au bout d'une contre-attaque, les Français obtiennent un corner. Nous jouons la 27$^{e}$ minute. Emmanuel Petit envoie le ballon sur la tête de Zinédine Zidane. But pour les Bleus ! Le stade vibre, c'est dingue. Mon père est fou de joie, incroyablement heureux. Il y a une quinzaine de secondes d'hallucination collective, d'euphorie pure. Et puis tout le monde se rassoit, et le stress reprend. On se dit que l'histoire est trop belle, que comme d'habitude il va se passer quelque chose en notre défaveur. Je me souviens de Stéphane Guivarc'h qui rate une énorme occasion... et qui donne raison à mon père.

On est presque à la mi-temps et je suis assoiffé. Nouveau corner pour les Français. Youri Djorkaeff n'a qu'à le tirer et on pourra enfin aller boire un coup pendant la pause. Mais Zizou place une nouvelle tête et double la mise ! Le Stade de France explose. Mon père et moi, on met les mains derrière la tête et on se regarde, complètement incrédules. Finalement, on passe la mi-temps sans bouger de nos places, pour ainsi dire assommés. On boira plus tard. Il faut que ça reprenne vite. Autour de moi, je sens le public très concentré. On a tellement envie de l'avoir, cette coupe, on ne veut pas être déçus.

En deuxième période, le Brésil accélère. Fabien Barthez, héroïque, fait un arrêt fantastique à bout portant face à Ronaldo. Et puis arrive la 68e minute. Marcel Desailly, sur un tacle mal maîtrisé, fauche un joueur brésilien et se fait expulser par l'arbitre. Je sombre dans un pessimisme noir. Ça y est, voilà le fait de jeu qui va tout changer. C'est reparti, comme d'habitude on espère, on y croit... et on va perdre. Mon père est abattu. Il en veut à mort à Desailly. Pour lui, c'est une faute professionnelle. Il m'assure qu'en entreprise il serait viré sur-le-champ ! Pour mon père, Marcel Desailly vient de jouer le dernier match de sa carrière. Tout simplement.

Après ça, je ne fais que regarder l'horloge du stade. Mon père, lui, ne dit plus rien. Il a les lèvres serrées et je vois juste le bout de sa langue qui sort de temps en temps. Il bout, littéralement. Il attend son heure.

Il ne reste qu'une poignée de secondes à jouer. Dugarry remonte tout le terrain et donne sur le côté à Patrick Vieira. Sur le moment, je me souviens d'avoir pensé : mais bon sang, conserve la balle ! J'ai une peur bleue, c'est le cas de le dire, que les Français perdent le ballon bêtement et prennent un but sur la contre-attaque. Franchement, si Dugarry s'était retourné et avait passé le ballon à Barthez, ça m'aurait très bien allé ! Mais Patrick Vieira lance sans contrôle Emmanuel Petit, qui place le ballon magnifiquement au ras du poteau. 3-0. Je me souviens du speaker qui hurle dans son micro. On se regarde tous dans la tribune. Je comprends alors ce que je suis en train de vivre. J'y suis, je vis un moment historique. L'arbitre siffle la fin du match. Je sens un frisson nouveau dans un Stade de France complètement libéré. Les gens crient, applaudissent, chantent. Tout le monde se fait des accolades chaleureuses. C'est comme si nous aussi, on avait joué cette finale. On est tous champions du monde.

Dans la tribune face à moi, les joueurs montent chercher la coupe. Leur coupe. Jacques Chirac veut tous les embrasser, nous aussi. Devant moi, Didier Deschamps soulève le trophée. J'ai des larmes qui me montent aux yeux. Pour mon père, c'est encore plus fort. Ce moment, il l'avait ardemment espéré sa vie entière. Tout le stade est en communion. Je suis impressionné par une telle ferveur. Ça m'a marqué. On ne peut jamais enlever le goût de la première fois.

Après le match, nous avons repris la navette pour aller récupérer la voiture de mon père. Je m'en souviens comme si c'était hier. Le bus s'est arrêté sur le boulevard périphérique. Tout était bloqué, ça n'avançait plus. Alors j'ai vu des gens sortir de leurs voitures et jouer au foot entre les voies. J'y repense à chaque fois que je suis pris dans les bouchons sur le périph. Ce soir-là, j'ai mis cinq heures pour rentrer chez moi. Mais je m'en foutais. Il y avait dans l'air une ivresse absolue.

Mon père est malheureusement parti quelques années plus tard. Qu'il m'ait choisi, moi, pour l'accompagner à cette finale, je l'ai pris comme une preuve d'amour. Il a eu envie de partager sa passion avec son fils. C'est précieux. Et une chance. Je lui dois beaucoup. C'est une leçon que j'ai retenue : il faut savoir créer l'occasion pour passer du temps avec les gens qu'on aime. C'était classe de la part de mon père. Il n'a pas voulu passer à côté d'un moment qui n'arrive qu'une fois dans une vie, et il s'est donné les moyens de l'obtenir. Je sais qu'il avait remué ciel et terre pour trouver des places. J'essaie depuis d'être à sa hauteur. Aujourd'hui, il n'y a pas une semaine sans que je me demande comment je pourrais surprendre mes enfants. Et d'être avec eux dans un moment de bonheur. Je suis boulimique de ça, à tel point que parfois mes enfants en ont marre !

Les gens ont du mal à me croire quand je leur dis que j'étais au Stade de France le 12 juillet 1998. Généralement, ils me regardent comme si j'étais un extraterrestre. C'est tellement astronomique que ça coupe court à toute conversation. Ça tue le *game*, quoi ! Alors j'avoue que je fais attention, et le plus souvent je le garde pour moi. Et je revois Deschamps soulever la coupe du monde, mon père à mes côtés. Pour l'éternité.

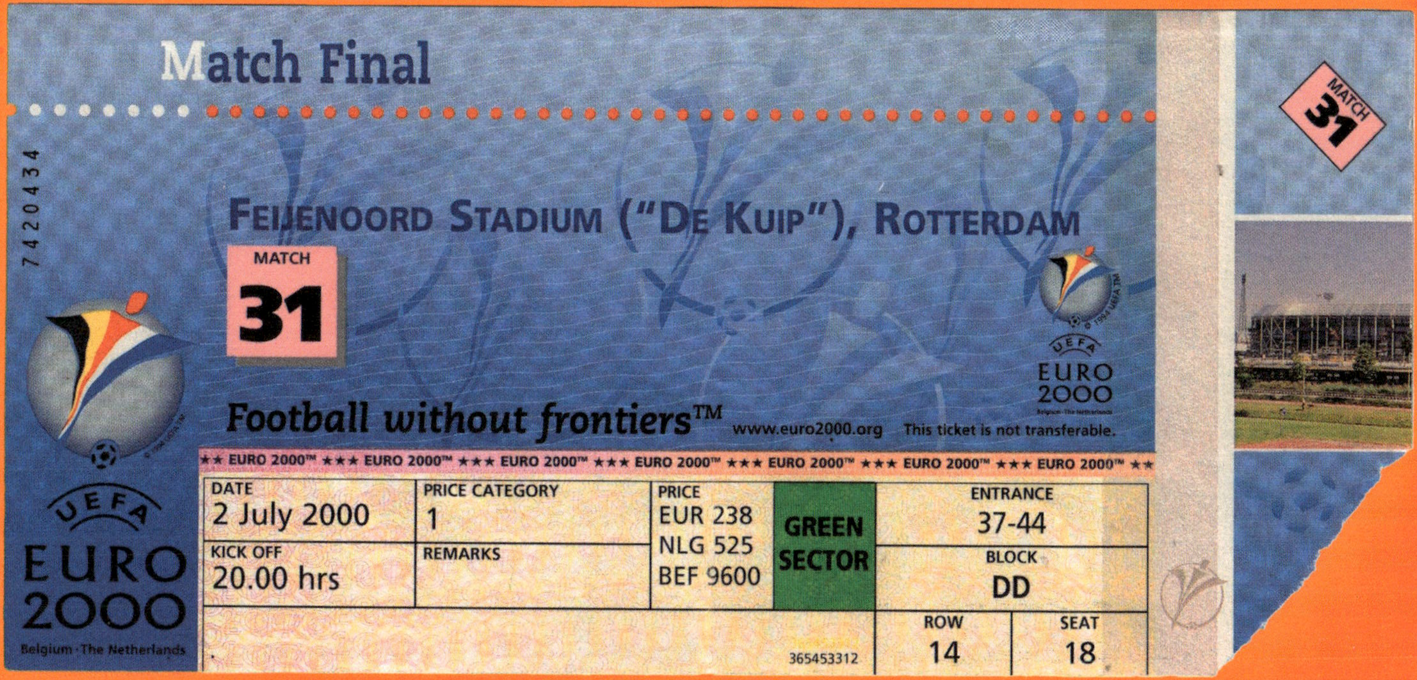
7420434

Match Final

Feijenoord Stadium ("De Kuip"), Rotterdam

MATCH 31

Football without frontiers™ www.euro2000.org This ticket is not transferable.

UEFA EURO 2000 Belgium · The Netherlands

★★ EURO 2000™ ★★★ EURO 2000™ ★★★ EURO 2000™ ★★★ EURO 2000™ ★★★ EURO 2000™ ★★★ EURO 2000™ ★★★ EURO 2000™ ★★

| DATE | PRICE CATEGORY | PRICE | | ENTRANCE | |
|---|---|---|---|---|---|
| 2 July 2000 | 1 | EUR 238 NLG 525 BEF 9600 | GREEN SECTOR | 37-44 | |
| KICK OFF 20.00 hrs | REMARKS | | | BLOCK DD | |
| | | 365453312 | | ROW 14 | SEAT 18 |

MATCH 31

FINALE DU CHAMPIONNAT D'EUROPE
**2 JUILLET 2000, FEYENOORD STADION (ROTTERDAM, PAYS-BAS)**

# FRANCE 2 - 1 ITALIE

B.E.O.

★

## LA BONNE ÉTOILE

Il n'y a pas beaucoup d'équivalents à ce qui s'est passé ce soir de juillet à Rotterdam. Ce match, c'est un peu le Big Bang du foot français : en une fraction de seconde, on est passé de rien à tout. De la mort à la vie. Il y a une forme de violence à passer en un éclair de la tristesse la plus profonde au bonheur le plus éclatant. Je venais d'avoir 18 ans et c'était l'un des plus beaux étés de ma vie. Vingt-trois ans plus tard, j'avais hâte d'écouter Rachid, lui qui était placé ce soir-là juste derrière le but dans lequel David Trezeguet a envoyé le ballon en même temps que les Français au paradis.
Rachid est un sensible. Pour lui, le football est une histoire d'amitié, de respect et de partage. Un de ses souvenirs les plus émouvants a eu lieu quatre jours après les attentats de Paris du 13 novembre 2015. La France affronte l'Angleterre à Wembley alors que le traumatisme est toujours vivace. « Si je n'y étais pas allé, je ne serais plus jamais rentré dans un stade », avoue Rachid. Au moment des hymnes, les quatre-vingt mille spectateurs, Anglais et Français confondus, reprennent en chœur la *Marseillaise*. Et il n'y a pas un bruit dans le ciel de Londres pendant la minute de silence qui rend hommage aux victimes.
Plus que le scénario invraisemblable du match, c'est surtout l'osmose extraordinaire entre les joueurs français et les supporters qui l'a marqué au plus profond de lui-même, le 2 juillet 2000, à Rotterdam.

---

## 51 000 SPECTATEURS… ET RACHID SEBA, 59 ANS, COMMERCIAL

Être supporter, c'est comme être joueur : on ne peut pas toujours gagner. Mais moi, j'ai à chaque fois évité les mauvais coups : je n'étais pas en Afrique du Sud en 2010 pour la piteuse histoire du bus, je n'étais pas à Berlin en 2006 lors de la défaite des Bleus contre l'Italie et je n'étais pas non plus au Qatar en 2022. Ma première finale, c'était en 2000. Et je l'ai gagnée ! J'ai une bonne étoile.

Quand j'étais gamin, il n'y avait pas souvent de matchs retransmis à la télé. Un soir, je suis tombé par hasard sur la finale de la Coupe d'Europe des clubs champions entre l'Atletico Madrid et le Bayern Munich. C'était en 1974 et j'avais 9 ans. Je suis devenu fan de ces Allemands des années 1970. C'était les stars du foot mondial et ils m'émerveillaient. Je me souviens que même Thierry Roland, dans ses commentaires, laissait poindre une admiration pour le Bayern. Quelques semaines plus tard commençait la Coupe du monde en Allemagne. J'ai regardé tous les matchs que j'ai pu. Pourtant, cet été-là, j'ai dû me faire opérer des yeux. Il fallait que je fasse très attention. Je n'avais pas le droit de regarder la télé, mais j'ai fait une crise pas possible à mon père. Il m'a laissé sortir de l'hôpital pour que je puisse voir la finale* !

Je n'étais pas séduit par l'équipe de France, qui était dans le creux de la vague dans ces années-là. Mais tout a changé pour moi en 1982. La RFA avait beau avoir battu la France en demi-finale de la Coupe du monde, je suis devenu fou des Bleus. Et puis j'ai eu 20 ans, j'ai vécu ma vie, j'ai rencontré des filles... et j'ai lâché un peu le football. Jusqu'en 1998. Au travail, je deviens pote avec Patrick. Il a ses entrées au Parc des Princes alors il m'emmène. On ne se connaît pas encore très bien mais il sent que je suis passionné au fond de moi. On assiste ensemble au quart de finale de la Coupe du monde. Déjà un France-Italie. Ça repart vraiment pour moi à ce moment-là. Je ne lâche plus les Bleus après ce match.

Patrick et moi décidons d'aller assister à l'Euro 2000 qui se tenait en Belgique et aux Pays-Bas. On adhère au Club des supporters, association créée dans la foulée de la Coupe du monde pour garder cette dynamique naissante de supporters des Bleus. On fait une demande pour avoir des places. Il faut aller les récupérer en personne, faire la queue plusieurs heures mais on ne lâche rien, il faut qu'on y soit. Le 11 juin, j'ai réussi à voir le premier match des Bleus contre le Danemark. J'ai été marqué à vie par mon arrivée à Bruges : les gens sont sortis dans les rues et applaudissaient les supporters français à leur passage. On était les champions du monde. On existait enfin. J'ai vu ensuite le deuxième match contre les Tchèques, puis le quart de finale contre l'Espagne. Je me souviens d'avoir croisé les femmes des joueurs espagnols, j'ai une photo avec elles que j'ai fait encadrer !

Ce 2 juillet 2000, j'arrive en début d'après-midi à Rotterdam. Je vais dans un bar, il y a beaucoup de tension. Nous ne sommes pas sereins. Je dois dire que les Italiens nous font peur. Leurs supporters ne sont pas nombreux mais j'en rencontre quand même qui viennent de la région dont est originaire ma mère : les Dolomites. Je croise sur le chemin du stade Clément d'Antibes. Il est à vélo avec son coq dans un panier. Et puis je croise les femmes des joueurs français cette fois-ci. Je me souviens bien d'Adriana Karembeu...

Je pénètre dans le Feyenoord Stadion deux heures avant le coup d'envoi. C'est un beau stade qui sent le football. On sait qu'on va y être bien. Les joueurs entrent sur la pelouse pour l'échauffement et je suis émerveillé par la pléiade de stars devant mes yeux : Pirlo, Zidane, Totti, Henry, Del Piero, Vieira... Et puis ils se connaissent tous, on ne sent pas d'animosité entre eux. Contrairement aux supporters, les joueurs français semblent détendus.

Le match commence et, comme on le craignait, les Français sont bien pris. Ce n'est pas un super match. Il n'y a pas vraiment d'occasions franches. On a peur de se faire contrer, c'est la grande force des joueurs italiens. En deuxième mi-temps, les Français sont sous pression. Ils ne sont pas bien du tout. Et à la 55e minute, Marco Delvecchio ouvre le score pour l'Italie. Je suis dépité. Il reste encore beaucoup de temps à jouer mais je sais que les Italiens vont fermer le jeu. Je me retourne : dans la tribune personne n'est abattu. Tout le monde se remet à pousser d'un seul homme. Les supporters de l'équipe de France sont nés durant cet Euro 2000.

Le temps passe. Les Italiens se procurent d'énormes occasions sur leurs contre-attaques. Je me souviens bien de Del Piero qui arrive seul devant le but et qui tire à côté. L'Italie n'arrive pas à tuer le match. À nous tuer. J'ai vraiment le sentiment qu'on frôle la mort ! Mais non,

Del Piero rate un nouveau face-à-face avec Fabien Barthez, alors on est toujours en vie. Je continue d'y croire... jusque dans les toutes dernières minutes. C'est là que je comprends qu'on ne gagnera pas cette finale. Je me rappelle m'être trouné vers Patrick et lui avoir dit « Putain, c'est foutu. » Je suis au fond du trou. Je me souviens de m'être pris la tête dans les mains. J'abandonne. C'est fini, je le sais. Je regarde le banc italien : ils sont tous debout en train de fêter la victoire. Ils savent qu'ils sont champions d'Europe et nous, on sait qu'on a perdu. J'ai envie de pleurer.

Il reste une poignée de secondes à jouer. Je suis placé légèrement à gauche derrière le but, au milieu de la tribune basse. Je ne vois pas vraiment Fabien Barthez dégager le ballon, là-bas, de l'autre côté du terrain, mais je me souviens bien de David Trezeguet qui dévie la balle de la tête pour Sylvain Wiltord juste devant moi. Ça part d'un coup : *bam !* La France égalise ! C'est fou, la tribune derrière moi explose. C'est énorme, on se prend tous dans les bras dans une communion incroyable. C'est un soulagement, que dis-je, un miracle. Oui, un miracle. Je n'arrive pas à y croire. Le match vient de basculer. On se regarde, c'est nous qui venons de tuer les Italiens. Ils sont foutus ! Je vois Thierry Henry foncer vers leur banc pour leur faire signe de se rasseoir. Dans la tribune, on se met tous à faire le geste avec lui ! Je ne suis pas du genre à haïr nos adversaires mais c'est toujours un plaisir particulier de battre les Italiens.

Les prolongations commencent et je suis maintenant certain qu'on va gagner. Les joueurs me semblent avoir pris le même chemin : tout à coup, ils sont plus grands, plus forts, plus rapides que les Italiens. Même le légendaire Paolo Maldini se fait dribbler comme un enfant par Robert Pires. Le ballon parvient à Trezeguet dans la surface. Dès que la balle part de son pied, je sais qu'il y a but. Je la vois passer sous la transversale devant moi. 2-1 pour les Bleus. But en or. C'est une... archi-explosion ! On est champions du monde et champions d'Europe ! Je pense immédiatement à mes idoles de jeunesse, ces Allemands qui ont accompli le même exploit au début des années 1970. Nous sommes leurs équivalents désormais. Je vois Trezeguet qui enlève son maillot et Roger Lemerre** qui le rejoint à grandes enjambées. C'est magnifique.

J'assiste à la remise de la coupe mais je n'en ai pas de grands souvenirs. Ce qui m'a marqué, en revanche, c'est ce qui a suivi. La communion avec les joueurs est fantastique. Je n'ai jamais revu une osmose pareille. Ils font la fête avec nous. On dirait des enfants ! Je me souviens de Barthez qui nous présente la coupe. Je vois Didier Deschamps très ému car c'est son dernier match en équipe de France. Ils partagent leur bonheur avec tous les Français. Puis ils s'assoient sur la pelouse. Ils restent là un moment, ils discutent et rient ensemble. Nous, on ne quitte pas notre tribune. On veut en profiter jusqu'au bout. Ça dure une éternité. On est seuls au monde. Juste eux et nous.

C'est l'inverse de ce qui s'est passé en Russie en 2018 : les joueurs nous ont à peine regardés. Seul Antoine Griezmann nous a montré un peu de considération. Le lendemain, ils ont descendu les Champs-Élysées à toute allure dans leur bus. Je l'ai vécu comme une deuxième humiliation. Dans les années 2000, les joueurs étaient bien plus accessibles. J'ai un pote qui a une photo avec Zidane dans un ascenseur en Corée pendant le Mondial 2002. Moi, ça fait vingt ans que je suis l'équipe de France et je n'ai toujours pas de photo avec Mbappé...

---

* RFA-Pays-Bas : 2-1.

** Sélectionneur de l'équipe de France entre 1998 et 2002.

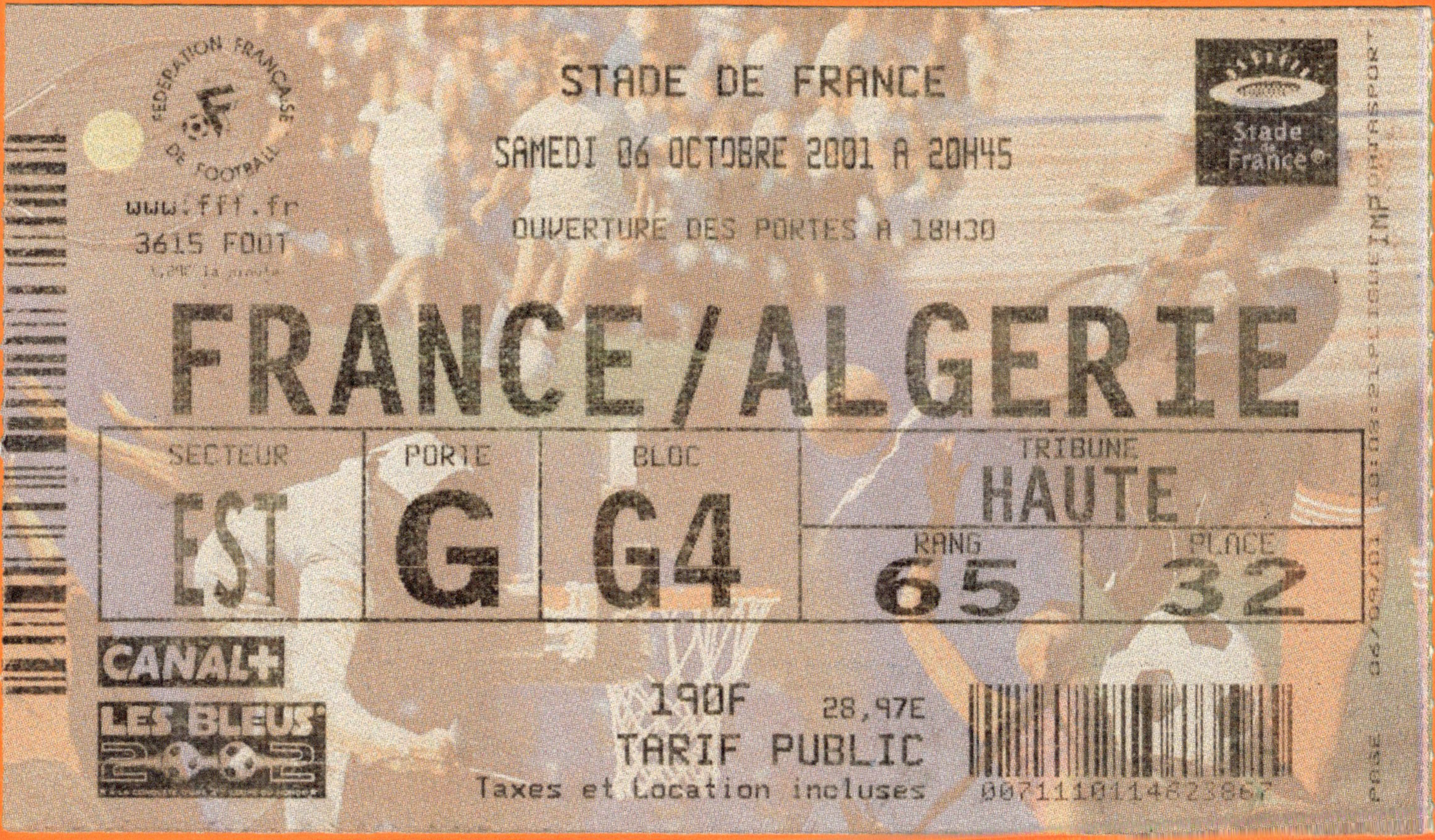
FÉDÉRATION FRANÇAISE DE FOOTBALL
www.fff.fr
3615 FOOT
STADE DE FRANCE
SAMEDI 06 OCTOBRE 2001 A 20H45
OUVERTURE DES PORTES A 18H30
Stade de France®
FRANCE/ALGERIE
SECTEUR
EST
PORTE
G
BLOC
G4
TRIBUNE
HAUTE
RANG
65
PLACE
32
CANAL+
LES BLEUS
190F
28,97E
TARIF PUBLIC
Taxes et Location incluses
0071110114823867

MATCH AMICAL

**6 OCTOBRE 2001, STADE DE FRANCE (SAINT-DENIS)**

## FRANCE 4 - 1 ALGÉRIE

★

### SIFFLER CONTRE SOI-MÊME

La Fédération française de football avait imaginé ce France-Algérie comme une fête. Ce fut un cauchemar. D'abord, la *Marseillaise* fut conspuée par les supporters algériens, en immense majorité ce soir-là. Puis le terrain fut envahi, ce qui entraîna l'arrêt pur et simple de la partie à la 76e minute. Le scandale fut énorme, en France comme en Algérie, et les regrets, éternels. Y aura-t-il un jour un nouveau France-Algérie ?

« Ce n'est pas un livre que tu fais, c'est une psychanalyse ! » À la fin de notre entretien, Soufyane me confie qu'avant de me parler il n'avait pas compris à quel point ce match avait été important dans sa vie. Né en France de parents algériens, il a eu beaucoup de mal, gamin, à savoir qui il était. C'est habité par cette quête d'identité qu'il s'est rendu au Stade de France le 6 octobre 2001. Il en est sorti transformé.

Soufyane est probablement le plus grand passionné de stade qu'il m'ait été donné de rencontrer. En moyenne, il assiste à cent cinquante matchs par an, dans tous les parcages de France, d'Europe et même en Afrique. C'est d'ailleurs depuis la Côte d'Ivoire, entre deux matchs de la CAN 2024, qu'il me raconte sa passion absolue du ballon rond, qui l'a souvent amené à dormir dans la rue, n'ayant parfois pas les moyens de s'offrir l'hôtel en plus de l'entrée au stade et d'un ticket de train. Portant toujours sur le dos à la fois le drapeau français et celui de l'Algérie, il fait partie des supporters les plus fidèles des Bleus. Mais Soufyane a des convictions qui dépassent parfois son amour du football populaire. Supporter du PSG, il a basculé vers le Red Star quand les dollars du Qatar sont arrivés dans la capitale. Et il s'est refusé à voir une seule minute de la Coupe du monde 2022 pour protester contre le traitement inhumain infligé aux travailleurs sur les chantiers des stades qataris.

## 78 420 SPECTATEURS… ET SOUFYANE GUESMIA, 35 ANS, CHARGÉ DE CLIENTÈLE

Parce que j'ai la double nationalité, ce France-Algérie était particulier pour moi. En plus, c'était la première fois que j'entrais dans un stade. J'avais 12 ans et j'étais avec mon frère. J'étais comme beaucoup de jeunes en France : j'avais le cul entre deux chaises. Est-ce que j'étais algérien, la patrie de mes parents ? Ou étais-je français, le pays où je suis né ? À l'époque, j'avais du mal à me sentir français. Je me définissais comme algérien alors que je n'avais jamais mis les pieds en Algérie. Ce soir-là, j'ai fait quelque chose que je regrette. J'ai sifflé la *Marseillaise*. J'ai sifflé contre moi-même. J'étais un petit con. Je ne comprenais pas tout. Je n'étais qu'un gamin, un peu paumé. J'étais pourtant bien content quand les Bleus sont devenus champions du monde en 1998 ! Je me mentais à moi-même. En même temps, cette grosse erreur a servi à me construire plus tard. Ça m'a permis de réussir ce que peu de gens arrivent à faire aujourd'hui : être fier de mes deux pays. Être patriote sans être nationaliste. J'aime mes deux pays mais je ne déteste aucunement les autres. Au contraire, j'aime me mélanger aux supporters étrangers. Passer des bons moments avec eux. Siffler l'hymne national, ça m'a permis de mettre du ciment dans ma construction personnelle.

À 12 ans, entrer dans un stade comme le Stade de France, c'est une sacrée expérience. J'ai pris une claque. Et puis 80 % du stade était acquis à la cause des Fennecs. C'était bluffant. L'Algérie commençait à peine à sortir d'une décennie noire. Les drapeaux algériens se sont mis à fleurir dans les stades à cette époque-là. Il y avait ce besoin d'affirmer un sentiment de liberté. Être fier d'être algérien. Mais sur le moment, c'était une fierté un peu trop débordante. Quelques jours avant ce match, j'avais nargué des collègues au collège parce qu'ils étaient blancs et avaient des prénoms français. Je leur avais dit : « On va vous battre ! » J'ai mis du temps à comprendre que j'étais inclus dans ce « vous ».

Ce 6 octobre 2001, je ressens donc personnellement de l'hostilité envers les Français. Autour de moi, pourtant, force est de constater que les Algériens et les Français font la fête ensemble. Quand *Kassaman*, l'hymne algérien, retentit, j'ai des frissons. Tout le stade chante à l'unisson. Impressionnant. Puis c'est le tour de la *Marseillaise*, conspuée. C'est terrible. Je me laisse entraîner par la folie ambiante. En me retournant, je vois un vieil Algérien, les bras croisés. Il ne cesse de répéter en arabe, consterné : « Arrêtez ! Arrêtez ! » Sur le coup, je ne comprends pas pourquoi il réagit comme ça. Mais il est bien plus courageux que moi. Un hymne, ça se respecte.

Rapidement, les Bleus mènent 3-0. Il n'y a pas de match. L'équipe de France est la meilleure du monde. En face, tu as une équipe d'Algérie avec énormément de cœur mais qui n'a que peu de moyens. Les joueurs payent eux-mêmes leurs billets d'avion à cette époque-là ! À la fin de la première mi-temps, coup franc pour l'Algérie. Belmadi s'élance et place le ballon en pleine lucarne. L'émotion du stade est incroyable. Le bruit entendu là, c'est le genre de chose qui reste gravé à vie. Hallucinant. Je me souviens que ça me déstabilise. Je suis encore un enfant. Mais cet instant m'a donné envie de retourner dans des stades. Quand tu vois les conséquences que ça peut avoir dans ton propre corps ! À quel point ça te rend heureux...

Ça commence par une personne. Puis deux. Puis trois. Puis un groupe de cinq. Puis de dix. Au bout de quelques minutes, le terrain est envahi de plusieurs centaines de supporters. Tout le monde s'acclame, tout le monde se légitime. Je suis tenté d'y aller moi-même. Pour moi, c'est la chose à faire pour manifester ma fierté d'être algérien. Je suis loin de comprendre la contre-productivité de ce geste. À quel point l'image de l'Algérie va en souffrir pendant des années. Et puis, très vite, je ressens un malaise. Je comprends que le match ne reprendra pas. À cause de ça. À cause de nous. Les forces de l'ordre sont obligées d'intervenir dans ma tribune, celle d'où tout est parti. Mouvement de foule. Tout le monde se met à courir pour remonter vers le haut de la tribune. Je suis pris de panique. Dans la bousculade, je trébuche et je me retrouve par terre. Je me souviens du visage de l'homme qui a eu le réflexe de se retourner et de me tendre la main. À quelques secondes près, j'aurais pu être piétiné. Finir à l'hôpital. J'ai compris bien plus tard l'importance de cette main tendue.

Les jours suivants, on en a beaucoup entendu parler dans les médias, y compris du côté algérien. J'ai entendu à la télévision nationale algérienne des gens critiquer ce qu'on avait fait au Stade de France. Si des Algériens d'Algérie le déploraient, c'est que ça ne devait pas être normal. Alors j'ai cogité. Et puis je me suis senti con. Je suis algérien ET français. Pourquoi j'avais fait quelque chose d'hostile à moi-même ? C'est absurde. Ce match, finalement, a été déterminant dans ma quête personnelle. J'ai compris que j'étais fier de mes deux nationalités. Plus tard, j'ai eu l'occasion de le manifester en supportant aussi bien les Bleus que les Fennecs.

Aujourd'hui, je rêve que l'équipe de France vienne jouer contre l'Algérie… en Algérie. Et je veux non seulement y être, mais aussi jouer un rôle. J'aimerais obtenir une accréditation de la part des autorités algériennes pour accueillir les supporters français, que je connais bien, et leur permettre de profiter tranquillement de leur match. Et je leur ferais visiter le pays. Au moment du match, ce serait sûrement la seule fois de ma vie où je m'installerais dans une tribune latérale, au centre, entre les Français et les Algériens, même si j'aurais du mal à rester assis ! En termes historiques, ce serait tellement important pour enfin passer à une autre étape dans la relation entre ces deux pays. Les miens.

J'Y ETAIS
J'Y ETAIS

uefa·com
UEFA CHAMPIONS LEAGUE
ASM FC
AS MONACO FC
REAL MADRID CF
STADE LOUIS II
MARDI 06/04/04
20: 45
SCOLAIRE
DIVISION PESAGE
RANG 00
PLACE 0889
PRIX 0.00EUR
OUVERTURE DU STADE 18:30
LFP
LIGUE DE FOOTBALL PROFESSIONNEL
0320133934

QUART DE FINALE RETOUR DE LA LIGUE DES CHAMPIONS
**6 AVRIL 2004, STADE LOUIS-II (MONACO)**

## AS MONACO 3 - 1 REAL MADRID

★

### DES PIEDS JUSQU'AU TOIT DU STADE

Vous connaissez probablement cette vieille blague sur l'AS Monaco : « Il y a tellement peu de public dans les gradins du stade Louis-II que les joueurs connaissent les supporters par leur prénom ! » Les Monégasques ne s'intéresseraient pas au ballon rond ? Christophe est la preuve du contraire. Excessif, passionné et vociférant, il est bien loin de l'image policée qui colle à la peau du spectateur rouge et blanc. Car, oui, Monaco est une ville de foot. Une vraie. Et l'ASM, un club qui a beaucoup apporté au foot hexagonal. D'ailleurs, Christophe me précise, non sans fierté, qu'à chaque fois que l'équipe de France a gagné un titre, c'est un joueur formé au club qui a marqué le dernier but de la finale : Bruno Bellone en 1984, Emmanuel Petit en 1998, David Trezeguet en 2000 et Kylian Mbappé en 2018.
Philippe l'a bien connu, Mbappé. Et pour cause : il a été son professeur de français au centre de formation de l'AS Monaco. Aujourd'hui à la retraite, Philippe est arrivé sur le Rocher à 14 ans. Le début d'une histoire d'amour qui n'en finit pas. Amis dans la vie, Christophe et Philippe se souviennent avec humour de cette soirée du 6 avril 2004 où les petits Monégasques ont renversé les Galactiques du Real de Madrid, portés par les immenses stars Zidane, Ronaldo, Figo et Raul. Même si, vous le verrez, ils n'ont pas suivi le match dans les mêmes conditions.

---

### 18 000 SPECTATEURS… ET PHILIPPE DEVANT, 63 ANS, RETRAITÉ, & CHRISTOPHE GIORDANO, 56 ANS, TRADER

**Philippe :** Gamin, je jouais au foot à Dijon et mon équipe a gagné un tournoi dont la récompense était d'aller voir la finale de la Coupe de France au Parc des Princes entre Saint-Étienne et… Monaco. Un signe du destin. L'ASM avait perdu 2-1. C'était mon premier match dans un stade.

**Christophe :** Moi aussi, mon premier match s'est soldé par une défaite des Monégasques. C'était en décembre 1971 et j'avais 4 ans et demi. J'étais avec mon parrain, un dingue de l'ASM, et on avait perdu contre Marseille. J'en garde une haine viscérale de l'OM !

**Philippe :** En août 1974, mon père a changé de boulot et la famille s'est installée à Monaco, à l'époque en deuxième division. Deux ans plus tard, le club est remonté en D1 et est même devenu champion de France l'année suivante. Un fait rarissime. C'était un autre football. Moi, je me souviens de notre buteur Delio Omnis que je croisais sur son Solex au marché. Je suis tombé amoureux de ce club. De cette ville. Une équipe attachante, familiale. À l'époque, on pouvait rentrer gratuitement dans le stade à la mi-temps.

**Christophe :** Je suis né à cinquante mètres du stade. Comme il n'y a pas de droit du sol à Monaco, je suis né français. Mais mes couleurs ont toujours été le rouge et le blanc. Monaco, c'est d'abord un attachement personnel. Qu'on soit monégasque de naissance ou français, il n'y a pas de différence. Les supporters ont d'ailleurs l'habitude de dire qu'ici, même nos globules sont rouges et blancs ! Je suis finalement devenu monégasque bien des années après, en me mariant.

Ma mère était totalement fan de foot, au point d'avoir été littéralement l'une des premières à s'abonner à Canal+ ! Mes parents ont déménagé près du palais princier et du haut des remparts on pouvait voir la pelouse du stade Louis-II. Alors je passais mes dimanches après-midi à suivre les matchs avec mes amis. La cité était composée quasiment exclusivement de gens nés sur son sol, qu'ils soient monégasques, italiens et surtout français. Depuis, la structure de la ville a changé. Les Français n'ont plus les moyens d'y vivre, remplacés par des étrangers richissimes qui ont obtenu la nationalité. Alors le nomnbre de spectateurs a diminué. Dans les années 1970, le stade était bien plus rempli que maintenant. Et avec beaucoup plus de passion. Mais encore aujourd'hui dans le quartier du stade, ça continue de ne parler que de ballon rond.

**Philippe :** De 1998 à 2021, j'ai été enseignant au centre de formation du club. J'ai eu Sébastien Squillaci ou encore Gaël Givet, qui a été finaliste de la Coupe du monde en 2006. Et j'ai terminé ma carrière avec un certain Kylian Mbappé.

**Christophe :** Philippe a fini en apothéose ! Un jour, il me dit qu'il y a un phénomène au centre. « Un bon ? » je lui demande. Je me souviendrai toujours du signe qu'il m'a fait avec sa main qui part vers le haut…

**Philippe :** C'était un gentil garçon. Droit dans ses bottes. Mais on va dire qu'il avait son caractère ! Réellement, ça se voyait dans son regard qu'il était différent. Une détermination hors norme. Il devait passer son bac en juin 2016 mais il a été sélectionné avec l'équipe de France des moins de 19 ans pour jouer le Championnat d'Europe, qu'il a d'ailleurs remporté. Il a quand même tenu à le passer en septembre, alors qu'il avait déjà signé un contrat professionnel. Les autres gamins dans son cas se foutaient complètement de leur bac, mais pas lui. Il a révisé pendant l'été et l'a obtenu.

En 2004, après des matchs souvent spectaculaires, Monaco se qualifie pour les quarts de finale de la Ligue des champions. C'est l'immense Real Madrid qui se présente face à nous. Une montagne. Au match aller, Monaco est balayé mais ne perd que quatre à deux. Un miracle ! Je me souviens que Sébastien Squillaci m'avait confié qu'ils n'avaient pas vu le ballon du match. J'obtiens deux places pour le match retour sans trop croire à l'exploit. Évidemment, je ne peux pas imaginer assister à ce match sans Christophe.

**Christophe :** Moi, j'y croyais vraiment ! J'habitais à côté du stade à cette époque. Ce 6 avril 2004, en me rendant à Louis-II, je tombe sur deux supporters madrilènes. On se met à discuter et je leur dis que je pense que Monaco peut se qualifier. Ils me traitent de fou ! Alors je leur donne rendez-vous au même endroit après le match.

**Philippe :** Je sais qu'on a de super places. Au deuxième rang, plein axe. Mais je n'ai pas prévu une chose : nos sièges sont juste derrière le banc de touche dont le toit nous cache le terrain ! Il y a des anciens joueurs qui sont là, invités par le club, et qui ne voient rien non plus. À côté de moi, Christophe commence à bouillir. Il est fou de colère. Et je sais qu'il peut devenir agressif dans un stade, il m'est souvent arrivé de le calmer !

**Christophe :** Je suis révolté par ces places qui nous empêchent de voir la pelouse. Je commence à me lever. Derrière, on me demande de me rasseoir. Je réponds qu'un match comme ça, ça se regarde debout.

Le ton monte. Le match commence et je me mets à brailler et à insulter tout le monde ! Alors des officiels descendent et nous proposent d'aller nous installer ailleurs.

**Philippe :** Un stadier nous trouve un strapontin à chacun tout en haut de la tribune. Nous voilà coincés, pliés entre la dernière rangée et le muret. Et, en plus, séparés. Je suis vraiment saoulé d'être mal assis. Honnêtement, ça me fait chier d'être là. Et à la 35e minute, Raul marque pour le Real. Il n'y a plus d'espoir pour Monaco. Il faudrait trois buts pour se qualifier. Mission impossible. Alors je décide de me casser !

**Christophe :** Moi, je ne peux pas partir. Pas possible de rater un tel match. Je reste seul.

**Philippe :** Je descends des gradins et je sors du stade. Sur le chemin, j'entends tout à coup une clameur derrière moi. Bon sang, Monaco a égalisé !

**Christophe :** C'est une folie. Ludovic Giuly marque d'une reprise de volée splendide. Le stade est survolté.

**Philippe :** Je suis face à un cas de conscience : est-ce que je dois revenir à ma place pourrie ? Oui, mais alors, est-ce que je ne risque pas d'être le chat noir ? Après tout, à peine suis-je sorti du stade que Monaco marque, c'est peut-être un signe ! Finalement, je décide de rentrer chez moi. C'est à la maison que j'ai suivi la suite de ce match de légende.

**Christophe :** À ce moment-là, je me remets à y croire, comme Giuly y a cru lorsqu'il a repris ce ballon de volée. Il va porter l'espoir à ses coéquipiers dans les vestiaires pendant la mi-temps. Quand les joueurs reviennent sur le terrain pour jouer la deuxième période, ce n'est plus la même équipe. Après trois petites minutes, ils inscrivent déjà un second but grâce à l'Espagnol Morientes.

Tu es Monaco. Tu joues les Galactiques et tout à coup tu passes devant. Imagine l'ambiance dans le stade... Ce soir-là, tout Monaco est à Louis-II. Tout le monde l'a vu, ce match.

**Philippe :** Tout le monde sauf moi !

**Christophe :** C'est sûrement le match où il y a dans les tribunes le plus de locaux. Ce soir-là, je retrouve l'ADN du Monaco que j'ai toujours aimé. Dans ce but de Morientes, il y a tout ce que représente l'ASM : toujours raillé, toujours moqué, mais qui fait tomber les stars au Ballon d'or. C'est une revanche, une fierté. C'est énorme. J'embrasse tout le monde autour de moi, y compris ceux que j'ai insultés une heure avant ! Encore un petit but et on est en demi-finale. C'est fou, ils sont en train de le faire !

Arrive la 66e minute. Sur un centre venu de la droite, Giuly reprend le ballon d'une talonnade magique dans la surface et inscrit le troisième but, celui qui nous qualifie. Dans le stade, c'est un chavirement. Il faut être supporter pour comprendre ce qu'on ressent à ce moment-là. Ça te prend des pieds jusqu'au toit du stade. C'est fou, la hauteur à laquelle ça t'envoie. Je prends mes voisins dans les bras. Tout le monde se saute dessus. Mais c'est maintenant que l'on touche du doigt l'exploit que la terreur s'installe. Il suffit d'un but du Real et le rêve s'effondre.

Il n'y a plus du tout d'euphorie. Je deviens un autre homme. Il reste vingt-cinq minutes à jouer. Dès qu'un Madrilène simule une faute, je ne peux pas m'empêcher de l'insulter. Et grossier, hein ! Je vis le match à fond. Je deviens même entraîneur : « Mais passe ! Frappe ! Fais ci, joue là ! » Derrière moi, des spectateurs me demandent de me calmer. Je les insulte également copieusement ! Je ne supporte pas ça, ils me font sortir de mon trip. Un trip fantastique. Je suis là pour vivre un truc total, pas pour rigoler, sinon ça ne sert à rien. Moi, dans un stade, je joue ma vie. Et je la joue pour l'éternité car les résultats restent. Ce serait trop horrible d'être éliminé après un tel scénario. Il faut dire que Philippe n'est pas là pour me calmer.

**Philippe :** Je vous rassure, Christophe est un gentil ! Mais c'est vrai que devant un match, il monte dans les tours. Dans un stade, il se transforme.

**Christophe :** Il ne reste plus que cinq minutes à jouer. Notre gardien, Flavio Roma, rate complètement son dégagement et le ballon revient à Raul qui s'avance seul face au but. Pendant les quelques secondes que dure l'action, je me souviens du silence du stade, comme si les dix-huit mille personnes qui sont là ont absorbé tout l'air autour. Il y a une énergie folle qui s'évanouit en un quart de seconde. Impressionnant. Heureusement, l'attaquant du Real frappe à côté. Je me libère en l'insultant, en lui faisant des doigts d'honneur. Gamin, c'est à Louis-II que j'ai appris à cracher !

L'arbitre, le mythique Pierluigi Collina, siffle enfin la fin du match. Je me précipite vers le stadier qui m'avait changé de place et qui m'avait finalement permis d'assister à cet exploit. Je le prends dans mes bras, je l'embrasse en le remerciant. Grâce à lui, j'ai pu vivre ce moment qui restera gravé dans ma mémoire. J'ai même pu finir le match debout ! Finalement, c'était la meilleure place de tout le stade.

Un peu plus loin, il y a le personnel de la Croix-Rouge, toujours là au cas où quelqu'un se sentirait mal. L'un d'eux vient me voir : « C'était stressant, non ?

— Pourquoi vous me dites ça ?

— Parce qu'on a passé toute la deuxième mi-temps à vous regarder, on avait peur pour vous ! On se demandait si vous n'alliez pas faire une crise cardiaque ! »

En sortant du stade, dans les coursives, je croise ceux avec qui je partage la passion du club depuis 1978. On est tous là, toutes les générations sont réunies. Et les embrassades sont interminables.

**Philippe :** Quoi qu'il en soit, je n'ai jamais regretté de ne pas avoir été dans le stade. J'étais tellement content de cette qualification.

**Christophe :** Je me rappelle alors que j'avais donné rendez-vous aux deux supporters madrilènes. En me dirigeant vers chez moi, la route principale est totalement vide. Aucun véhicule ne circule. Je comprends tout de suite ce que cela signifie : le prince Rainier va passer. Un vrai fan de foot. Un pur et dur. Je le voyais souvent, quand j'étais gamin, sortant de son palais. On le saluait toujours. Je l'attends au coin de la rue. Je suis seul sur le trottoir. Il est passé devant moi. Je lui ai fait un signe hargneux de victoire avec le poing. Il m'a souri. C'est la dernière fois que je l'ai vu. Il est mort un an jour pour jour après ce match inoubliable, le 6 avril 2005.

Et les supporters espagnols ne sont jamais venus !

J'Y ETAIS
J'Y ETAIS

2006 FIFA World Cup Germany™
64 WINNER MATCH 61 - WINNER MATCH 62
Final - Olympiastadion - Berlin - 09 July 2006
Kick-off: 20:00 hrs
Vera Koerschgen
Tribünen-Zugang 35 - YELLOW SECTOR - Ostkurve
Block: 35.1 Row: 18 Seat: 2
004401569900200300605400
Price: € 220.00
FIFA WORLD CUP GERMANY 2006
Ticket beinhaltet Chip – bitte nicht knicken oder beschädigen.
Ticket contains a chip – please do not fold or puncture.
FIFAworldcup.com
FIFA
GREEN
BLUE
YELLOW
RED
Final
64

## FRANCE 1 - 1 ITALIE

( 3-5 T.A.B. )

★

### UNE BLESSURE IMMENSE

Autant j'ai le souvenir d'une allégresse et d'une légèreté absolues avant la finale de la Coupe du monde 1998, autant l'atmosphère était tendue et agressive, presque douloureuse, dans les rues de Paris en 2006. J'avais vécu cette finale dans un bar dans une tension extrême. Je m'étais même disputé avec l'un de mes meilleurs amis. Il y avait quelque chose dans l'air ce jour-là. Quelque chose qui nous disait que rien ne tournerait dans le bon sens pour les Bleus. Je rêvais tellement de voir Zidane finir en beauté sa carrière, lui qui nous avait donné tant de bonheur, en soulevant la coupe du monde. Mais il a préféré répondre aux provocations du poète Marco Materazzi et sortir du terrain, expulsé après un coup de boule devenu une référence pop mondiale. Après la défaite, j'ai croisé vingt mètres plus loin des amis italiens qui fêtaient bruyamment leur quatrième étoile. L'enfer.
Hervé passe environ cent jours par an en Afrique, où il aide les gouvernements locaux à moderniser et informatiser leurs cadastres. Passionné par son métier, il a tout de même imposé une condition à son employeur : ne jamais manquer un match de l'équipe de France. Car Hervé est depuis 2010 le président de la principale association de supporters des Bleus, qui compte plus de deux mille adhérents, les Irrésistibles Français. Entre deux avions, il revient sur ses souvenirs d'un match qu'il n'a jamais voulu revoir. Les supporters des Bleus ont subi bien des provocations ce soir-là à Berlin. Mais contrairement au capitaine Zizou, eux n'ont jamais craqué. Cette animosité avait manifestement traversé la frontière allemande pour se retrouver jusque dans mon bar parisien.

---

### 75 549 SPECTATEURS… ET HERVÉ MOUGIN, 50 ANS, PRÉSIDENT DES IRRÉSISTIBLES FRANÇAIS

Le premier jouet qu'on m'a offert, c'était un ballon. Mon papa jouait dans l'équipe du village. Il m'avait installé un terrain de foot derrière la maison. Je jouais tout le temps. Un jour, l'entraîneur d'une ville voisine est venu faire réparer sa voiture dans le garage de mon père. Il m'a vu taper dans la balle. Il a demandé si j'étais déjà inscrit dans un club. C'est comme ça que j'ai pris ma première licence. À 10 ans, j'aurais pu intégrer le centre de formation de Sochaux mais mes parents ont déménagé, alors ça ne s'est jamais fait. Et puis comme je n'étais pas mauvais à l'école, je me suis finalement concentré sur mes études tout en continuant à jouer jusqu'à mes 24 ans. Quand je me suis gravement blessé au genou, j'ai définitivement arrêté et j'ai commencé plutôt à suivre les matchs en tribune.

J'étais capable de voir trois matchs de Ligue 1 le même week-end. Il m'est arrivé de finir ma semaine de travail à Bordeaux et de partir à Montpellier où jouait Sochaux le vendredi soir. Le samedi après-midi, j'étais à Auxerre pour voir Monaco avant de foncer vers le Parc des Princes pour un PSG-Bordeaux ! Je n'ai jamais été le supporter d'un seul club. Je suivais avec autant de ferveur le grand club de ma région, Sochaux, que Monaco ou les Girondins. Mais ma grande passion, c'est les Bleus.

Je n'ai quasiment jamais manqué un match depuis que je suis tout petit, que ce soit au stade ou devant ma télé. Avec l'équipe de France, il n'y a pas de guéguerre entre clubs ni de chambrages. Et puis il n'y a pas de transferts de joueurs, de mercato. Ne reste que l'amour du maillot. En 2016, j'étais au Stade de France avec mes enfants lors de la finale de l'Euro perdue contre les Portugais. C'est la première fois qu'ils me voyaient pleurer. Ma fille de 11 ans m'a consolé en me promettant que nous gagnerions la prochaine Coupe du monde. Deux ans plus tard, depuis Moscou, je lui ai envoyé une vidéo pour la remercier et lui dire qu'elle avait raison. J'étais encore en pleurs. Dans un stade, il faut savoir s'abandonner, se laisser aller pour accéder à l'émotion.

Quand ma fille est née, en 2005, ma femme m'a demandé de faire un choix. Ce n'était plus possible d'être absent tous les week-ends pour suivre trois clubs à la fois. Il fallait que je me fixe sur une seule équipe. J'ai réfléchi et j'ai choisi... l'équipe de France. Il y avait beaucoup moins de matchs que pour un club, mais aujourd'hui ma femme regrette d'avoir accepté car je ne suis pas plus à la maison qu'avant ! Rien n'était fait pour les supporters à l'époque, et la seule association existante, le Club des supporters, avait été fermée à cause du président de la Fédération française de football qui voulait supprimer un certain nombre de dépenses qu'il jugeait inutiles. J'ai commencé alors à m'impliquer. À l'époque, on n'avait même pas le droit d'être debout dans la tribune ou d'entrer dans le stade avec des drapeaux. J'avais un peu de bagout alors on m'a laissé faire. Finalement, après la catastrophique Coupe du monde 2010, où il y avait tellement peu de supporters qu'on se connaissait tous par nos prénoms, l'association des Irrésistibles Français a été créée officiellement. J'ai fait comprendre à la Fédé que c'était dans l'intérêt de l'équipe de France d'avoir des supporters organisés. On nous a permis de bénéficier enfin de vraies conditions pour animer les stades. Puis Didier Deschamps est arrivé et a poussé dans notre sens. Et l'association a grossi en même temps que les Bleus sont montés en puissance. Mais le plus important reste notre état d'esprit. Nos portes sont ouvertes aussi bien aux ultras qu'aux mamies. Je suis fier aujourd'hui de l'image que nous donnons de la France partout dans le monde.

En 2006, peu de Français croyaient en l'équipe de France au moment d'entamer le Mondial allemand. Moi, pour contrarier des amis défaitistes, j'avais parié 100 euros sur la victoire des Bleus. On en a passé ,des heures en car à travers l'Allemagne, pour suivre nos joueurs... On est même tombés en panne sur l'autoroute plus d'une fois. Sur le terrain, c'est pareil, les Bleus tournent au ralenti. Le premier tour est poussif, mais le but de Ribéry contre l'Espagne en huitième de finale fait basculer notre Coupe du monde. Je suis au stade à Hanovre ce jour-là et j'ai la chance de filmer toute l'action avec mon téléphone. Les Bleus sont enfin au niveau. Ils battent finalement les Espagnols trois à un, puis le Brésil et enfin le Portugal. Ils se retrouvent en finale contre l'Italie le 9 juillet.

J'arrive à Berlin dans la matinée. Je m'installe à la terrasse d'un café et j'aperçois le prince de Monaco qui est attablé lui aussi. Je lui crie : « *Daghe, Munegu** ! » en cachant le bleu de mon drapeau tricolore pour ne laisser apparaître que le blanc et le rouge monégasque. À ma grande surprise, il vient me saluer ! Puis je décide de me diriger vers le Stade olympique. Avec les autres supporters, je prends le métro. Sur la ligne, il y a la station du zoo de Berlin. Un Italien dans notre rame nous apostrophe alors et nous assène dans un français parfait : « Vous ne descendez pas chercher votre équipe de macaques ? » Je reste interdit. Bouche bée. Un de nos adhérents a envie de le frapper mais j'arrive à le calmer. Il ne faut surtout pas rentrer dans la provocation.

Sur le chemin qui mène au stade, un autre *tifoso* me hurle, plein de haine : « Votre équipe de nègres fait honte à l'Europe ! » Je n'étais pas encore arrivé devant la porte de l'Olympiastadion qu'un autre encore me dit : « On va les renvoyer dans leur champ de coton. » Voilà l'ambiance dans laquelle j'aborde la finale ce jour-là. Ignoble. Nous arrivons dans notre tribune et nous nous installons pendant que des cris de singe se font entendre derrière nous. Je commence à lancer des chants pour les couvrir. Je le vis très mal. J'ai la haine contre ces pseudo-supporters. Ce n'est pas comme ça que j'imaginais une finale de Coupe du monde. Il n'y a rien de festif. Je suis là pour vivre un moment de bonheur mais à la place je découvre le racisme en tribune. Ça reste une blessure immense.

Je prends le temps de regarder pour la première fois ce stade et je me rappelle qu'il a été construit par les nazis pour les Jeux olympiques de 1936. Je revois alors les photos des tribunes recouvertes de drapeaux à croix gammée qu'on trouvait dans les livres d'histoire à l'école. Je croise le regard de *tifosi* me montrant leurs maillots qui laissent déjà apparaître une quatrième étoile. La tension est terrible. Je prends une vraie claque. Je ne savais pas qu'il pouvait y avoir autant d'agressivité dans un stade. J'essaie tant bien que mal de calmer les supporters français. Je leur promets que ce sera à nous de rigoler à la fin du match quand on sera champions du monde. Tout ce qui m'importe maintenant, c'est encourager mon équipe. Pour le plaisir, on verra plus tard.

Comme d'habitude avec les Italiens, la *Marseillaise* est conspuée. Les Berlinois, eux, sont plutôt de notre côté. Il faut dire que les *tifosi* ont aussi été exécrables lors de la demi-finale, comme me l'ont confirmé plus tard des supporters allemands. C'est à nous désormais, en tribune, de jouer notre partition. Même si nous n'avons qu'un tout petit impact sur le destin du match, il faut y aller à fond. Un jour, Didier Deschamps m'a confié que nous valions autant qu'un joueur.

Dès la 7e minute, un penalty est sifflé pour la France. Je suis placé tout en bas de la tribune, juste derrière le but de Fabien Barthez, alors je ne vois pas grand-chose de ce qui se passe de l'autre côté. Une forêt de joueurs me cache Zidane. Je fête le but un peu par procuration quand je vois les Bleus lever les bras. Quoi qu'il en soit, c'est un soulagement. Je sais à quel point le premier but est primordial dans une grande finale. Je sais que les deux équipes sont très fortes en défense. On peut tenir le un à zéro. Mais il reste quatre-vingts minutes à jouer...

Seulement douze minutes plus tard, je suis en revanche aux premières loges pour voir Materazzi égaliser sur corner. Je me prends la tête à deux mains. 1-1. Tout est à refaire. Les invectives des Italiens reprennent de plus belle. On chante presque par automatisme mais, au fond de nous, on a le cœur serré. L'ambiance est toujours aussi délétère et on n'a même plus le score pour nous. La mi-temps arrive mais je ne bouge pas de ma place. Je ne veux surtout pas croiser les Italiens. Je ne suis pas violent mais on ne sait jamais comment on peut réagir face à la bêtise. C'est trop pour moi, cette atmosphère. Je ne passe même pas aux toilettes, je ne vais pas boire un verre. Je reste assis sur mon siège en attendant que le match reprenne.

En deuxième mi-temps, les Français attaquent de notre côté. On espère voir le but libérateur mais le match est très tendu. Je vois les joueurs des deux équipes se parler entre eux. Je me souviens de Pirlo et Zidane qui échangent souvent. Plus le temps passe, plus l'ambiance perd en intensité. La peur prend le dessus. On craint tellement de se retrouver du côté des vaincus. C'est de plus en plus difficile de lancer des chants. Même chose chez les *tifosi*. C'est pesant. On se rapproche du moment où on va savoir. Par défaut, je pense à la défaite. Cette vision-là ne me quitte plus.

Il faut jouer les prolongations. La tension est insoutenable. À couper au couteau. La France domine. On sent qu'on est plus forts mais il ne faudra pas rater les rares occasions qu'on réussira à se créer. Je vois Willy Sagnol adresser un centre splendide sur son côté droit. Zizou envoie de la tête la balle sous la barre. Le gardien italien Buffon sort un arrêt de grande classe. Rien à faire. On n'y arrive pas. Pourtant, je sens qu'il ne faut surtout pas aller aux tirs au but. Les Italiens n'attendent que ça.

Le ballon est sur la droite du terrain. Je le suis du regard. Je vois tout à coup Buffon qui part en courant vers l'arbitre. Je me rends compte alors que Materazzi est par terre, Zidane à ses côtés. Je n'ai rien vu du tout, comme la plupart des spectateurs. Je me doute que c'est grave car les discussions prennent beaucoup de temps. Je ne découvrirai ce qu'il s'est passé qu'en voyant la photo du coup de boule en une d'un quotidien allemand sur une aire d'autoroute à 4 heures du matin. Et puis l'arbitre sort un carton rouge à l'encontre de Zidane. Sur le coup, je ne pense pas à Zizou, à son dernier match, au fait qu'il termine sa carrière comme ça, piteusement, sur une expulsion en finale de la Coupe du monde. Je ne me dis pas non plus qu'on perd notre meilleur joueur, doublé d'un excellent tireur de penalty. Je pense simplement qu'on va devoir finir le match à dix contre onze. C'est tout ce qui m'importe sur le moment. Je veux tellement gagner. Les Italiens sont aussi heureux que s'ils avaient marqué un but. On se retourne vers eux et on reçoit une nouvelle salve d'insultes.

C'est bien aux tirs au but que va devoir se jouer cette finale. On est dans un premier temps contents de voir les joueurs venir de notre côté. Mais je sens que l'histoire de ce match ne va pas dans le bon sens pour nous. On a dominé mais on n'a pas marqué ce deuxième but que les Italiens ont réussi à défendre bec et ongles. Le foot est sans pitié et on se dirige vers une déception immense. Je le sais. J'essaie de me préparer à la défaite. Je me dis qu'au mieux, ce sera une bonne surprise si les Bleus l'emportent. Mais David Trezeguet envoie son tir sur la transversale. Ça se joue à quelques centimètres mais le ballon ne passe pas la ligne. Avant chaque tir des joueurs italiens, nous exhortons Barthez à plonger du bon côté. On prie, on croise les doigts, on se ronge les ongles, mais rien n'y fait. Fabio Grosso met définitivement fin au rêve en marquant son penalty. Quand il a signé à l'Olympique lyonnais un an plus tard, je n'ai pas compris. C'était un crime contre l'équipe de France de le faire venir dans notre championnat.

Je reste pour la remise de la coupe. Je n'ai pas vraiment le choix, les cars ne vont pas partir tout de suite. J'ai mal au ventre. La descente du stress, ou le dégoût, je ne sais pas. Les Allemands viennent gentiment essayer de nous consoler. Les supporters italiens, eux, nous narguent en nous montrant leur quatrième étoile. Nous continuons de nous faire chambrer jusque devant le stade. Jusqu'au bout, nous ne serons pas tombés dans la provocation. Nous avons fait ce que Zidane n'a pas réussi à faire.

Le retour s'étale sur des heures interminables. Toute la nuit, je rumine le scénario du match. Arrivé enfin à la maison, je prends dans mes bras ma fille qui a à peine un an et je lui dis : « Ta mère est un quart italienne, donc tu as un peu de sang italien, mais ne la ramène pas trop parce que sinon je te mets à la porte ! » Et je me suis juré de ne plus manger de pâtes ni de pizza jusqu'à notre prochaine victoire face à eux ! Ça a duré tout l'été. Et puis heureusement, dès septembre, nous les avons battus trois à un au Stade de France.

---

* Allez, Monaco !

MATCH DE BARRAGE EUROPEEN QUALIFICATIF POUR LA COUPE DE LA FIFA, BRESIL 2014
STADE DE FRANCE - SAINT DENIS
MARDI 19 NOVEMBRE 2013 A 21H00
OUVERTURE DES PORTES A 19H00
FRANCE / UKRAINE
LOGES
PORTE
T
LOGE
123
PARTENAIRES MAJEURS
ÉQUIPE DE FRANCE
GDF SUEZ
PMU
144,00E
TARIF RP
CSDF LOGES
18124951
PLCSDF
4812580208894
300370
144,00E
STADE DE FRANCE
19/11/13 21H00
FRANCE / UKRAINE
TARIF RP
fff.fr
18124951

# FRANCE 3 - 0 UKRAINE

★

## LA FUREUR DE (RE)VIVRE

Reda peut dater le commencement de son histoire d'amour avec le foot. Le 10 juin 1998, il a 7 ans et la Coupe du monde en France va commencer. Son père l'emmène dans les rues de Paris prendre le pouls de l'événement. L'après-midi, il découvre la cérémonie d'ouverture, ses couleurs et son allégresse qui irradient de son écran de télévision. Il se souvient de Youssou N'Dour et Axelle Red chantant « La cour des grands », qu'il lui arrive encore souvent d'écouter aujourd'hui, comme une madeleine de Proust en forme de ballon.
Reda, le foot, ça l'a construit. Pas passionné par l'école, il se fait sa culture à travers le ballon rond : il connaît mieux que ses camarades les capitales européennes et apprend très tôt ce qu'est la guerre des Malouines, conflit qui a connu un *reboot* sportif mythique lors du Mondial 86, lorsque les Argentins battent les Anglais grâce à la « main de Dieu » de Maradona.
Reda a une vision romantique du football, où l'essentiel ne se joue pas sur le terrain, comme lors de ce France-Ukraine décisif. C'est avec emphase et des étoiles dans les yeux qu'il revit son expérience qui ressemble à un moment de grâce.

---

## 77 097 SPECTATEURS… ET REDA MRABIT, 32 ANS, JOURNALISTE SPORTIF

Le 15 novembre j'assiste devant ma télé à la défaite des Bleus lors du match aller en Ukraine. 0-2. Le match est horrible. Les Bleus sont dépassés dans l'engagement, dans le jeu, dans l'attitude aussi. Il nous faut une victoire par trois buts d'écart au match retour. Mission impossible pour ces Bleus-là. Bye-bye la Coupe du monde au Brésil. La suite logique d'une campagne de qualification moyenne, poussive, dans laquelle notre seul fait de gloire est un match nul en Espagne grâce à un but de Giroud à la dernière seconde. Après le match, un pote qui avait une place pour le match retour me dit qu'il ne veut plus y aller : il ne veut pas voir l'humiliation promise aux Bleus. Je récupère donc son ticket et me voilà quatre jours plus tard en route vers le Stade de France, sans grande illusion. Pire : je me dis que je vais assister à l'enterrement de l'équipe de France en grande pompe !

Ce soir-là, sur le parvis du stade, il me semble que tout le monde partage mon sentiment. Il y a une ambiance de funérailles. En longue procession, nous allons assister à l'élimination des Bleus, ça ne fait aucun doute. Pourtant, quand j'entre dans l'enceinte, je sens qu'il y a quelque chose dans l'air. Je suis placé tout en haut de la tribune sud, non loin du parcage des supporters ukrainiens. Je les observe. C'est à ce moment que je décide de dire non. Ce n'est pas possible, ça n'arrivera pas, ce soir on ne se fera pas éliminer. Ça suffit les désillusions. Et je vois dans les yeux qui m'entourent que nous partageons tous le même état d'esprit. Le stade entier commence à s'éveiller. Trois ans auparavant, les Bleus se sont ridiculisés en Afrique du Sud : élimination au premier tour de la Coupe du monde, affaire du bus de Krysna... L'équipe de France est au fond du trou. Je me souviens d'avoir assisté dans ce même stade en 2010 à une défaite contre la Biélorussie dans une ambiance glaciale. Mais ce 19 novembre 2013, 80 000 personnes décident ensemble que la période sombre de l'équipe de France va prendre fin ce soir-là.

Dès l'échauffement des joueurs, le public du Stade de France, familial, si calme et policé à l'accoutumée, commence à chanter et à rendre l'atmosphère brûlante. Au lieu des timides « Allez, les Bleus » habituels, il entonne des « Qui ne saute pas n'est pas français » enfiévrés. Je vois sur les écrans géants que les joueurs sont sur la même longueur d'onde. Leurs visages sont extrêmement concentrés. Il se passe quelque chose. Le moment des hymnes est extraordinaire. L'ambiance monte jusqu'à se transformer en véritable fureur. Dès les premières minutes, tout le monde est debout, chante, saute, crie son refus de la défaite et pousse les Bleus vers leur destin. J'ai fait beaucoup de stades dans ma vie mais je n'ai jamais revécu une telle ambiance, où que ce soit. Je me sens porté. Je me mets au défi de ne jamais laisser les Ukrainiens à côté se faire entendre. Je m'improvise capo*, je lance les chants ! Tout le monde est au diapason. Un père de famille derrière moi porte son petit garçon sur ses épaules. On sent bien qu'il n'a pas l'habitude des stades, qu'il n'a pas les codes. Mais il se laisse prendre au jeu : il me suit et se met à chanter à pleins poumons. D'ailleurs, il me remerciera à la fin du match d'avoir passé une si belle soirée !

Le public pousse sur chaque montée de nos joueurs. Le bruit est assourdissant. Les Bleus sont obligés de tout donner ! Je n'ai pas le souvenir d'un grand match mais les joueurs ressentent la furia des tribunes et jouent avec la rage au ventre. Sur le premier but, la balle est repoussée plein axe devant le but des Ukrainiens. Le Stade de France hurle à Ribéry de la reprendre de toutes ses forces. Sa frappe, puissante, est déviée par le gardien sur Mamadou Sakho qui marque ! 1-0 pour les Bleus. Benzema double la marque quelques minutes plus tard. Sa joie est démonstrative, lui qui est plutôt réservé d'habitude. Mais, pour nous dans les tribunes, le score n'a plus d'importance. Même lorsque Sakho marque le troisième but qui nous qualifie. L'essentiel est ailleurs. C'est une communion, quelque chose de mystique.

Je finis le match exténué. On reste dans le stade jusqu'à minuit et demi. Je me souviens de Giroud qui lance au micro des chants plus ou moins brésiliens que le stade entier reprend. On fête la victoire comme si on avait gagné la Coupe du monde ! Pourtant, pas de titre en jeu ce soir-là. Juste la joie de crier qu'à partir de maintenant la France fait partie des nations qui comptent, et qu'elle le restera toujours. Ce match, c'est un tournant dans l'histoire des Bleus. Depuis, elle est au sommet du foot mondial.

C'est inexplicable, ce qu'il s'est passé dans les tribunes lors de ce France-Ukraine. Ce soir de novembre, j'ai été témoin d'un moment d'histoire. Un moment de bonheur comme il est rare d'en vivre. On peut connaître les joies absolues de la vie comme avoir des enfants par exemple, mais cette émotion-là est très difficile à retrouver. Il n'y a que le sport pour la provoquer. Les aigris ne comprendront jamais ça. Le stade, c'est la réponse aux pisse-froid.

Quand on est dans un stade, on sent des choses, on voit des regards. Le Stade de France est souvent décrié mais c'est une enceinte imposante, impressionnante. Et puis il est partiellement enterré, alors on aperçoit le terrain en contrebas lorsqu'on s'en approche. On devine des couleurs, on capte des mouvements, comme une mise en scène de notre arrivée. Dans un stade, il y a une atmosphère qu'on ne peut pas comprendre tant qu'on ne l'a pas vécue. Comment expliquer certains matchs, certains retournements de situation, certains gestes comme celui de Zidane en finale de la Coupe du monde 2006, échappant à tout pragmatisme ? Un stade, c'est comme si tout le monde s'était mis d'accord pour vivre une histoire commune. Il ne faut pas essayer d'expliquer cette alchimie. Le cartésien n'a rien à faire là-dedans. Il faut juste le vivre.

* Meneur d'un groupe de supporter.

J'Y ETAIS
J'Y ETAIS

TRIBFA
13/11/15 21H00
FRANCE / ALLEMAGNE
TARIF SUPPORTERS
327613455484
853276
15,00E
MATCH INTERNATIONAL
STADE DE FRANCE - SAINT DENIS
VENDREDI 13 NOVEMBRE 2015 A 21H00
OUVERTURE DES PORTES A 19H00
FRANCE / ALLEMAGNE
TRIBUNE SUPPORTERS
TRIBUNE BASSE NORD
PORTE K
BLOC K4
RANG 4
PLACE 30
15,00E
TARIF SUPPORTERS
27798904

## FRANCE 2 - 0 ALLEMAGNE

★

### L'INSOUCIANCE ÉVANOUIE

De ce 13 novembre 2015, on aurait dû simplement retenir ce France-Allemagne, alléchant certes, mais sans autre enjeu pour les Français que de se mesurer aux champions du monde dans un match amical de fin d'année. Pourtant, cette date sera à jamais associée à un traumatisme partagé. Cent trente personnes ont perdu la vie ce jour-là dans des attaques terroristes à Paris, dont quatre-vingt-dix au Bataclan. Et la soirée d'horreur avait commencé à Saint-Denis quand deux bombes avaient explosé aux portes du Stade de France, faisant un mort et cinquante-six blessés. Des détonations que Noémie et Émilie ont ressenties pendant le match, comme elles l'expliquent avec beaucoup de pudeur.
On résume malheureusement parfois le football et ses stades à la violence et la bêtise. Mais ce 13 novembre funeste, les tribunes du Stade de France étaient un asile protégé de la barbarie, et sans nul doute l'endroit le plus sûr de France. Émilie et Noémie l'ont appris à leurs dépens quand elles ont cru bon devoir fuir l'enceinte. Elles ont vécu alors la plus grande terreur de leur vie.

---

### 70 000 SPECTATEURS… ET ÉMILIE LOPEZ, 41 ANS, JOURNALISTE, & NOÉMIE LEFORT, 43 ANS, RÉALISATRICE

**Émilie :** J'ai l'habitude de dire que le premier endroit où on m'a emmené en sortant de la maternité, c'est un terrain de foot. Mon père était entraîneur à Trappes. Il paraît même qu'il avait eu Nicolas Anelka. Nous passions tous nos dimanches au foot. Et puis mon père est mort en 1991. Il était un grand amoureux de l'Olympique de Marseille et il n'a malheureusement pas vu les Marseillais remporter la Coupe d'Europe. Il lui a manqué deux ans. C'est rageant. Mon attachement à l'OM est fortement lié au souvenir de mon père.

Ce que j'aime par-dessus tout dans les stades, c'est la communion entre des gens qui viennent vivre exactement les mêmes émotions en même temps. J'adore cette connivence, cette lueur dans leurs yeux, ce partage alors qu'ils ne se reverront sûrement plus jamais. Moi, dans un stade, je me sens toujours bien, en sécurité. Dans la vie, je peux avoir une tendance à être un peu « flippette », à avoir peur dès qu'il fait sombre. Et je ne suis pas rassurée quand il y a du monde autour. Mais dès que j'entre dans un stade, tout s'évanouit et je me sens chez moi, à la maison.

**Noémie :** J'ai découvert le foot en rencontrant Émilie. Je n'avais jamais vu de match de ma vie. Quand on s'est mises ensemble, elle était hyper contente de découvrir que j'avais Canal+ ! Ce qui me plaît c'est l'observer quand elle regarde du football. Elle se transforme. C'est Docteur Jekyll et Mister Hyde. C'est incroyable, cette passion : elle hurle sur des gens qui ne l'entendent même pas ! Je trouve ça génial. Et puis il y a un vrai parallèle avec mon métier. Émilie vit un match comme moi je peux vivre un film. Elle me parle du Vélodrome de Marseille comme je lui parle des studios Warner à Hollywood. Et j'aime cette incertitude du scénario, ces coups de théâtre qu'on retrouve aussi dans le football. Aller au cinéma ou entrer dans un stade, c'est comme aller à la messe. Je ne connaissais rien au foot et aujourd'hui je suis fière d'expliquer à mes copines ce qu'est un hors-jeu. Je dois avouer que j'avais une image peu glorieuse des fans de foot, mais on ne peut pas comprendre leur passion tant qu'on ne l'a pas expérimentée.

**Émilie :** Le 13 novembre 2015, un collègue me propose deux places pour aller voir le France-Allemagne du soir. Noémie est d'accord pour m'accompagner. C'est seulement la deuxième fois qu'elle met les pieds dans un stade, et c'est même sa grande première au Stade de France. Un France-Allemagne, ça ne se loupe pas. Ce sont nos meilleurs ennemis footballistiques. C'est toujours un plaisir particulier de les battre. Et puis l'équipe de France est en plein renouveau. C'est un match excitant.

Nous arrivons sur le parvis et nous sommes assez surprises par le nombre de policiers présents. Il y en a manifestement bien plus que d'habitude. J'apprends que le président François Hollande vient assister au match, ce qui explique ce déploiement de sécurité inhabituel. Malgré tout, à l'intérieur du Stade de France, l'ambiance est familiale et décontractée. Que du bonheur. Nous nous installons dans une loge et nous prenons le temps de faire un selfie avec nos écharpes avant le coup d'envoi pour immortaliser ce moment suspendu. Le match peut commencer. Allez, les Bleus !

La première explosion, on ne l'entend pas. On la ressent.

**Noémie :** Je n'ai pas l'expérience des stades alors je ne sais pas à quoi m'en tenir. Toujours est-il que ça tremble sous nos pieds. « C'est normal, ça ? » je demande à Émilie. Elle me répond, sur un ton presque badin, que ce n'est rien, que des supporters font sûrement les cons sur le parvis. Mais moi, je n'arrive pas à trouver naturel que le stade tremble comme ça. Une sensation très étrange. Je commence à avoir la trouille. Mais comme Émilie n'est pas inquiète, elle qui est une habituée des lieux, je me sens rassurée.

**Émilie :** C'est vrai, j'ai cru que c'était un gros pétard comme je peux l'entendre au Vélodrome régulièrement. Je regarde autour de nous, nous sommes les seules à sembler soucieuses. Personne n'a l'air de s'inquiéter. C'est ça qui me rassure de mon côté.

Quatre minutes plus tard, nous entendons cette fois-ci une détonation. C'est surtout la vibration qui est impressionnante. Sous nos pieds, le béton tremble encore plus. Sur le terrain, Patrice Évra semble hésiter quelques instants avant de jouer son ballon. À ce moment-là, je commence à être vraiment inquiète. Pourtant, autour de nous, les spectateurs continuent d'afficher la même sérénité. De toute façon, ça ne peut être que des pétards. Quoi d'autre ?

Du match en lui-même, je n'ai pas beaucoup de souvenirs. À la fin de la première mi-temps, Olivier Giroud ouvre le score pour les Bleus. Tout ce dont je me souviens, c'est que nous allons au salon VIP à la mi-temps et que les stewards ont l'air très tendus. L'ambiance de fête du début du match a disparu. On capte très mal dans le stade, voire pas du tout. Impossible d'avoir une connexion internet dans les gradins mais il y a du wi-fi dans le salon. Pendant que Noémie va chercher des coupes de champagne, je me connecte sur Twitter. C'est là que j'apprends que ce que nous avons ressenti sont bien des explosions à l'extérieur du stade. Pire, il se passe des choses graves dans Paris. Je vois quelqu'un qui cherche à sortir du stade, mais des hôtesses l'arrêtent et lui apprennent que les portes sont fermées et qu'il ne pourra pas partir. Voilà donc la confirmation de ce que je viens d'apprendre. Je me rappelle alors de l'attentat contre *Charlie Hebdo*, dix mois auparavant, qui m'avait d'autant plus traumatisée que je suis moi-même journaliste. J'avais vécu la sécurité omniprésente et stressante aux entrées de l'immeuble au travail. J'essaie de ne pas faire peur à Noémie, je lui demande de retourner à sa place car le match va reprendre. Moi, je reste au salon pour profiter du wi-fi et j'envoie un message sur Facebook pour rassurer nos proches. Je surprends alors une conversation. J'entends l'un des membres de la sécurité du stade annoncer que les portes vont ouvrir à nouveau. Je ne réfléchis pas : je veux ramener Noémie à la maison. C'est ma seule priorité désormais.

**Noémie :** Moi, je me rassure comme je peux en me souvenant de la sécurité qu'il y avait à l'entrée. On a été fouillés, palpés, nos blousons ont été passés au peigne fin. Je me dis qu'il ne peut rien arriver. Mais je vois tout à coup Émilie remonter avec un visage très fermé. « On s'en va, on part maintenant », m'enjoint-elle. La deuxième mi-temps vient de commencer. Je trouve bizarre qu'elle m'extraie du match alors que moi je suis bien, là, à regarder la rencontre tranquillement. Et dans le stade il ne se passe plus rien d'alarmant. Il y a même une super ambiance. Personne ne s'inquiète autour de moi. À part Émilie.

**Émilie :** C'est un réflexe de protection. Il faut qu'on sorte d'ici. Il faut que j'amène Noémie en sécurité. Et la sécurité, c'est à la maison. Avec le recul, c'est la pire décision que j'ai prise de ma vie. J'ai peur qu'on se retrouve piégées dans le stade alors que c'est l'endroit le plus sûr dans tout Paris à ce moment-là. On réussit donc à sortir. On se retrouve sur le parvis, entourées de gens qui sont au courant comme nous qu'il se passe quelque chose d'inquiétant. Tout le monde est dans un état de nerfs et de tension extrême. Quelques minutes plus tard, les grilles du stade seront de nouveau fermées et il ne sera plus possible pour les spectateurs d'en sortir avant plusieurs heures.

Nous sommes désormais quelques centaines à l'extérieur. Des CRS s'avancent vers nous, nous encerclent, sortent leurs armes et nous tiennent en joue. Ils nous hurlent de mettre les bras en l'air. Et voilà une masse compacte de supporters de l'équipe de France, écharpe et maillot sur le dos, maquillage tricolore sur les joues, les mains levées, escortés par des CRS menaçants vers le RER le plus proche. C'est là que je comprends qu'un terroriste est peut-être parmi nous et qu'il peut se faire exploser à chaque instant. Mais qu'est-ce que tu fous là, idiote ? J'en ai fait des cauchemars, pendant des mois...

**Noémie :** C'est terrifiant. On a peur, on ne comprend pas. Arrivée à la gare de RER, j'essaie d'appeler ma mère qui a appris ma présence au stade par le message d'Émilie sur Facebook. Mais le réseau est saturé, je n'arrive pas à la joindre. Soudain, mon téléphone se met à sonner. Un appel des États-Unis. Je réponds : c'est l'assistante de Julia Roberts qui m'appelle de Los Angeles ! Là-bas, les attentats à Paris tournent déjà en boucle sur les chaînes d'info en continu. Elle me demande si je suis en sécurité. J'entends alors une clameur derrière moi qui vient du Stade de France. Les Bleus viennent d'inscrire un deuxième but. Je me rappellerai toute ma vie cette joie du public, en contradiction totale avec ce qu'on est en train de vivre. Comme un symbole, le stade résonne du souvenir évanoui de la sécurité, du bonheur et de l'insouciance qui ont disparu ici.

**Émilie :** D'ailleurs, certains essaient de faire demi-tour pour retourner dans le stade. En vain. Il n'y a plus d'échappatoire. Je n'ai jamais de ma vie expérimenté une peur comme celle-là. J'y repense toujours avec beaucoup d'émotion. On arrive sur le quai de la gare. Je perçois la terreur dans les yeux de tout le monde. Nous nous entassons dans le train qui se met en route dans un silence absolu. Tout à coup, juste avant d'arriver à la station Châtelet, un homme se met à crier dans la rame silencieuse : « Putain ! Les terroristes sont à Châtelet ! » Dans une résignation horrible, j'ai le sentiment de partir vers la mort. Arrivé à destination, le train ne s'est pas arrêté. Peut-être que les terroristes y étaient vraiment ? On ne le saura jamais.

J'ai mis des années à retourner au Stade de France. Et jamais pour un match de foot. Mais la passion est toujours là. Je suis bien sûr allée de nouveau au Vélodrome. Et le plaisir a repris le dessus.

**Noémie :** Aujourd'hui, je vais voir des matchs de football féminin. Il y a moins de monde dans les gradins, ça me va mieux. La première fois, j'ai eu un peu d'appréhension mais je n'y pense plus maintenant. Je suis à fond pour l'Olympique lyonnais de ma joueuse préférée, Selma Bacha. Je regarde tous les matchs. Mes potes n'en reviennent pas !

Ce 13 novembre restera toujours gravé en nous. Nous avons conservé les écharpes France-Allemagne que nous avions achetées sur le parvis avant le match. On ne veut pas s'en séparer. Nous gardons aussi la photo que nous avions prise dans les loges... et même les billets du match.

J'Y ETAIS
J'Y ETAIS

UEFA
EURO2016
FRANCE
Portugal vs. France
10/07/2016 - 21:00
Ouverture des portes
Gates opening time
18:00
Stade de France – Saint-Denis
French Football Federation
Sebastien Ressouches
File number: 338403
€ 295 Catégorie 3
TRIBUNE STAND
PORTE GATE
A
BLOC BLOCK
A04
RANG ROW
66
SIÈGE SEAT
42
JAUNE YELLOW
MATCH 51
Le Rendez-Vous
01013143347 10/07/2016 15:50 by VOL_PAR V24
0008-0464-5117-6632

## FRANCE 0 - 1 PORTUGAL

★

### SUR UN COUP DE POKER

Biberonné aux exploits de Zidane dont il se souvient d'avoir suivi avec passion la montée en puissance à partir de 1994, Jérôme devient définitivement accro au foot dans la folie de l'été 1998. Puis les années passent, accompagnées de quelques joies mais surtout de bien des déceptions. Il s'est même senti insidieusement s'éloigner des Bleus lors de la période Domenech, dont il n'a jamais apprécié ni la personnalité, ni les choix de jeu.
Alors cette finale de l'Euro 2016, c'est l'occasion pour lui de vivre enfin une grande émotion footballistique nationale. De vivre son propre France-Brésil 98. Et il ne pouvait pas s'imaginer ailleurs qu'au cœur même de l'événement. Dix ans que les Bleus n'avaient plus goûté à une grande finale. Dix ans. Et il aura fallu se sortir de bien des pièges lors de cet Euro pour se retrouver au soir du 10 juillet face aux Portugais de Cristiano Ronaldo. Une finale, ça se mérite. Ce n'est pas Jérôme qui me contredira. Il va tout miser sur cette finale. Au propre comme au figuré.

---

### 75 867 SPECTATEURS… ET JÉRÔME BATUT, 45 ANS, RESPONSABLE DE SERVICE DE MAINTENANCE

5 000 euros ! C'est une sacrée somme, mais aurai-je une autre occasion de voir une grande finale en France ? J'ai été tellement marqué par 98… Une finale, quoi ! Et si jamais l'équipe de France y participe, que de regrets de ne pas y être. Quelques mois avant l'Euro, c'est mon pote Steph qui trouve trois places sur un site canadien. Franchement, je ne réfléchis pas plus que ça, on serait prêt à n'importe quoi pour assister à une finale. Allez, *all in !* La transaction effectuée, j'attends sereinement de recevoir mon billet et la vie suit son cours sans que j'y pense davantage. Mais les semaines et les mois passent, et les places se font attendre.

L'été arrive : je me plonge avec jubilation dans le parcours magnifique des Bleus. Mais le matin de la finale, au réveil, nous n'avons toujours aucune nouvelle de nos billets. Steph nous apprend qu'ils doivent être livrés par coursier. Il se veut rassurant : ça ne devrait plus tarder. La matinée passe, toujours rien. À midi, il nous annonce, à moi et à notre ami Titou, qu'il a prévu une surprise : il nous a réservé un restaurant Il veut que cette journée soit mémorable ! Belle intention malgré le stress du coursier qui n'arrive toujours pas. Nous nous mettons en route et nous retrouvons au pied de la tour Eiffel. Je comprends que Steph a réservé une table au Jules-Verne, restaurant gastronomique du deuxième étage de la célèbre tour. Sauf que, évidemment, nous nous sommes préparés pour assister à un match de foot en plein été et non pour déjeuner dans un restaurant étoilé. Dans la file d'attente, les clients sont en tenue de soirée. Je me souviens de personnalités de la télé en costume-cravate nous regardant comme si on était des extra-terrestres. En short et T-shirt, on dénote, c'est le moins qu'on puisse dire. Et évidemment, l'établissement nous refuse l'entrée. Malgré d'âpres négociations, rien n'y fait, il faut se résoudre à faire demi-tour. Décidément, cette grande journée est bien mal partie. On atterrit au hasard dans un restaurant japonais au standing bien plus en rapport avec notre style vestimentaire. Et bon sang, toujours pas de place. Le stress monte. Les sushis ont du mal à descendre.

16 heures. Il ne reste plus que cinq heures avant le coup d'envoi. Il faut se rendre à l'évidence : ce fameux site canadien ressemble de plus en plus à une belle arnaque et nous n'aurons jamais nos billets. C'est une désillusion terrible. On perd 5 000 euros, on se sent cons de s'être fait berner, mais surtout on va rater le match.

Mais alors que faire ? On ne peut quand même pas abandonner si près du but. Après tout, on a dit qu'on verrait la finale, on la verra ! On fonce vers le distributeur automatique le plus proche pour tirer le maximum de liquide possible de nos trois cartes de crédit, et on prend la route du Stade de France. Qui sait ? On trouvera peut-être de précieux sésames au marché noir sur le parvis.

Devant le stade, nous partons à la pêche aux vendeurs à la sauvette. Nous croisons la route de l'humoriste Tex, à qui nous demandons une photo à défaut de tickets ! On finit par trouver un type, à côté de la sortie du RER, qui vend trois places pour neuf cents euros, deux côte à côte et une dans une autre tribune. Comment être sûrs qu'il ne bluffe pas et que les tickets sont valables ? Au point où on en est... Tant pis, les jeux sont faits, on lui achète les places. Deux heures avant le match, nous voilà en route vers l'entrée du stade, nos billets fébrilement en main, terrifiés à l'idée de nous voir refuser l'accès des tribunes comme ce midi au restaurant.

Arrivé aux tourniquets, je tends en tremblant mon billet. Le gars de la sécurité le fait passer sous le lecteur de code-barres... Tout se joue maintenant. *Ding !* Le son de la délivrance. Nous passons tous les trois de l'autre côté. Steph se met à pleurer toutes les larmes de son corps de soulagement. On y est ! Avec tous ces contretemps, je me rends compte que je n'ai même pas pensé au match. J'entre dans le Stade de France, et ma finale peut enfin commencer.

L'ambiance est légère et détendue. L'humeur est à la confiance, le public croit dur comme fer à la victoire. Je me souviens que de nombreux clappings, popularisés par les supporters islandais cette année-là, sont lancés dans les tribunes. Il faut dire que cette équipe du Portugal, qui s'est qualifiée à l'arraché à chaque tour, ne nous fait pas peur, malgré la présence de Cristiano Ronaldo, encore au top en 2016. Et puis Griezmann est extraordinaire. C'est notre leader technique et on le sent au-dessus du lot depuis le début de la compétition.

Lorsque la *Marseillaise* retentit avant un grand match comme celui-là, c'est toujours un grand moment d'émotion devant sa télé. Mais quand on est au stade, il y a une résonance particulière. Je décharge le stress accumulé de cette journée en chantant de toutes mes forces. Enfin, pour être plus exact, je crie comme un cochon ! Je me souviens d'avoir voulu filmer cet instant avec mon téléphone et je le regrette aujourd'hui car ça m'a empêché d'être totalement connecté au moment.

La première mi-temps est à la faveur des Français. Le public pousse fort et les occasions se succèdent. Malheureusement, le but de la délivrance ne veut pas venir. Au bout de vingt-cinq minutes, Cristiano Ronaldo se blesse et doit sortir du terrain. Moi, je me dis que c'est un signe, que les dieux du foot ont choisi la France. Cette finale est pour nous, on ne peut pas la perdre. Pourtant, en deuxième mi-temps, l'inquiétude gagne le Stade de France. L'ambiance si enjouée de la première période laisse place à une tension de plus en plus lourde. Je sens que Grizou est fatigué, qu'il n'a pas la même influence sur le jeu que lors des matchs précédents. Les Bleus accumulent les occasions mais n'arrivent pas à marquer. Petit à petit, les ingrédients de la défaite se mettent en place. De là où je suis placé, je vois bien Ronaldo surgir du banc de touche portugais pour haranguer ses partenaires. Il est habité, il a la bave aux lèvres, et transmet son extrême motivation à ses coéquipiers.

90e minute. Finalement, je suis très bien loti avec cette place arrachée à la dernière minute. Je suis légèrement sur le côté du but portugais, pas très haut, et je vois parfaitement Gignac recevoir la balle dans la surface de réparation, crocheter son adversaire, se retourner, frapper... La balle s'écrase sur le poteau. Bon sang, c'est fini. J'avais déjà en tête le film de la nuit, de la fête qu'on allait faire après le match. On avait tout prévu ! L'arbitre siffle la fin du temps réglementaire. On va devoir jouer les prolongations.

L'ambiance est maintenant vraiment redescendue. Quelques vagues d'encouragement par-ci par-là, mais le public est saisi par le stress. De mon côté, je pense que nous n'arriverons pas à marquer, et que les Portugais n'y parviendront pas non plus. Et j'imagine encore moins que c'est Eder qui précipitera notre chute ! Eder était loin d'être un grand joueur. Un bon joueur de Ligue 1 tout au plus. Même si ça doit se jouer sur un coup de dé, je suis encore certain que nous allons gagner cette finale. En tout cas, j'essaie de me persuader que les tirs au but tourneront à notre avantage.

Mais, à dix minutes de la fin, se produit l'impensable. Je vois de l'autre côté du terrain Eder prendre la balle, se décaler, armer sa frappe, tirer sur la droite de Lloris... et marquer. 1-0 pour le Portugal. Extinction des feux. L'espoir s'est envolé. Les Bleus n'ont plus l'essence nécessaire pour revenir. La fin du match est un calvaire.

Partie terminée. Je n'ai qu'une chose en tête : fuir le stade. Vite. Pourtant, j'ai fait tout ce qu'il fallait pour être là, au bon moment et au bon endroit. Au moins rester pour la remise de la coupe… Mais non, c'est trop dur, la déception est trop grande. Sur le parvis, les baraques à frites sont fermées. Il n'y a plus rien, même pas un bruit. On repasse là où nous avons acheté nos places, devant la bouche du RER. Impossible de dormir après une journée pareille. Jusqu'à 4 heures du matin, on remplit la nuit et on vide nos têtes en jouant au poker.

Je suis quand même heureux d'avoir vécu cette finale. C'était exceptionnel. Parfois j'avais le besoin de me reconnecter à l'événement, je sortais quelques secondes du match pour me dire : « Tu te rends compte, tu es à la finale de l'Euro ! » J'aurais juste voulu un autre dénouement.

Pour la petite histoire, on a finalement été recavés car les fameuses places à 5 000 euros avaient été volées par le coursier ; le site canadien nous a tout remboursé.

117
FCB2016/2017
UEFA CHAMPIONS LEAGUE
2016170089367
CAMP NOU DATA/DATE: 08/03/2017 20:45 HORES
FCBARCELONA - PARIS SAINT-GERMAIN
GENERAL 3 GRADERIA
ACCES/ACCESS: 21
BOCA/BLOCK: 522
PORTA/GATE: C
FILA/ROW: 0021
VFCXE068522H
SEIENT/SEAT: 0002
PARIS SAINT-GERMAIN
V
BARCA SENSE FUM
(CAMP NOU, MINI, PALAU)
84,00 EUROS
ONLY FOR THE VISITING SUPPORTERS
4755
UEFA.com

HUITIÈME DE FINALE RETOUR DE LA LIGUE DES CHAMPIONS
**8 MARS 2017, CAMP NOU (BARCELONE, ESPAGNE)**

## FC BARCELONE 6 - 1 PARIS SAINT-GERMAIN

★

### À BOUT DE SOUFFLE

Il fait sans aucun doute partie des matchs les plus mythiques de l'histoire du foot. Un match au scénario irréel que même le meilleur réalisateur de thriller hollywoodien n'aurait jamais pu imaginer. Aux quatre coins du monde, il n'est besoin de citer ni la date, ni les équipes qui jouaient ce soir-là. Un mot suffit, terrible, comme le nom d'une tempête tropicale ou le titre d'un film d'horreur pour les fans du Paris Saint-Germain. Un mot qui est depuis entré dans le *Larousse* et qui fait frissonner rien qu'à l'entendre : la remontada.
Trois semaines auparavant, le PSG étrille le Barça de Messi 4-0 au Parc des Princes lors du match aller. Il faudrait un miracle pour que les Barcelonais se qualifient au retour. Il va pourtant avoir lieu sous les yeux de Georges, qui commentait le match pour RMC aux côtés de Jano Resseguié, la voix historique du foot de la station de radio, en direct du Camp Nou. Témoin privilégié de cette journée insensée, il se souvient du moindre détail de ce match qui l'a laissé K.O. et dont il me raconte l'atmosphère unique avec, sept ans après, encore des trémolos dans la voix.

---

### 96 290 SPECTATEURS… ET GEORGES QUIRINO, 35 ANS, COMMENTATEUR RADIO

Cette année-là, on sent que le Paris Saint-Germain peut enfin regarder le FC Barcelone droit dans les yeux. Le 14 février, jour de la Saint-Valentin, je suis déjà au commentaire au Parc des Princes et je suis pris à l'antenne d'un élan d'amour pour Angel Di Maria lorsqu'il marque le troisième but. 4-0 au final. C'est l'euphorie à Paris. Pourtant, je sais que le match retour sera loin d'être facile pour les Parisiens.

Né à Nice mais d'origine espagnole, j'ai une partie de ma famille qui vit à Valence. J'ai appris l'espagnol en lisant *Marca !* J'ai baigné dans l'ambiance surchauffée du stade Mestalla dès l'enfance. J'y suis allé pour la première fois quand j'avais 4 ans, pour un match de l'Espagne durant les JO de Barcelone en 1992. Supporter du Valence CF, je ne suis pas exactement un fan du Barça. C'est l'ennemi dans le cœur des Valenciens. Pour avoir beaucoup « supporté » contre eux, je les ai souvent vus retourner des situations qui semblaient désespérées. Je sais que s'il y a un club capable de faire ce genre de remontée, c'est bien le FC Barcelone. Je sais aussi que le Camp Nou est un stade exceptionnel dans lequel l'irrationnel se produit parfois. Je me rappelle la finale de la Ligue des champions en 1999, où Manchester United y a marqué deux buts dans les dernières secondes pour arracher la victoire au Bayern Munich. Ça m'a marqué, tout gamin.

Durant les trois semaines qui précèdent le match, la presse catalane ne parle que de ça. Matraqué pendant des jours, le message entre petit à petit dans la tête de tout un peuple : la remontada est possible. Des joueurs aux supporters, tout un club s'est « mentalisé », uniquement tourné vers cet objectif. Ils sont marqués dans leur orgueil et il n'y a rien de plus dangereux qu'une bête catalane blessée. Pendant ce temps-là, sur une vidéo YouTube, les joueurs parisiens affichent tranquillement leur confiance en partageant une pizza. « Ça devrait le faire », estime Blaise Matuidi. Il est bien loin d'imaginer le tsunami qui attend son équipe.

Arrivé sur place le matin de ce fameux 8 mars 2017, je pars assister à la conférence de presse d'avant-match au centre d'entraînement du FC Barcelone. C'est Luis Suarez, l'attaquant uruguayen du Barça, qui se présente. Je le vois férocement y croire, comme tous les journalistes catalans présents. Il a une rage qui contraste avec la sérénité molle affichée quelques minutes plus tard par Blaise Matuidi et son entraîneur Unai Emery. Le décalage d'énergie est total. J'ai l'impression qu'ils ne sont pas du tout, mais alors pas du tout, prêts à prendre la vague. Je parle à la radio de la possibilité de la remontée, mais personne ne veut vraiment imaginer un tel cataclysme. On a d'ailleurs reproché après coup à la presse française d'en avoir trop fait avec la remontada, d'avoir installé un climat de doute, mais moi, c'est vraiment ce que je ressens le jour du match. Et lorsque je monte prendre place dans la cabine de commentateur, tout en haut du mythique Camp Nou, au milieu de près de cent mille *socios** remontés comme des pendules, je sais que, quoi qu'il arrive, je vais vivre une grande soirée de football.

Barcelone est une ville orgueilleuse, et elle vibre pour le Barça. Lorsque l'hymne du club retentit juste avant la rencontre, je sens que les Barcelonais veulent faire payer aux Parisiens l'affront du match aller. La communion est totale. Le bruit est monstrueux. Ils hurlent leur fierté identitaire, chantent encore plus fort que d'habitude, encore plus à l'unisson, comme pour dire : « Maintenant qu'on est chez nous, vous allez voir de quoi on est capables. » Je me souviens que je dis à Jano que si par malheur ils réussissent à marquer rapidement, ça va être l'enfer pour le club de la capitale.

2e minute de jeu : Suarez ouvre déjà le score. Le Camp Nou, euphorique, se transforme en Colisée de Rome. C'est la mort du PSG que les supporters réclament. Dans notre cabine, Jano et moi sommes en fusion. Le rythme de notre commentaire est survolté. Je suis comme pris d'un vertige : c'est incroyable mais c'est en train d'arriver. Ce premier but rend tout de suite l'impossible possible. Le scénario du pire continue de s'écrire à la 40e minute : le défenseur Layvin Kurzawa marque contre son camp, étalant devant nos yeux le manque d'agressivité parisien. 2-0. La moitié du chemin est déjà parcourue. À la mi-temps, les supporters catalans accompagnent leurs joueurs aux vestiaires dans un vacarme terrible. Le message est clair, il faut laisser les têtes parisiennes sous l'eau. La pause arrive à point pour moi : je suis fatigué comme si j'avais commenté tout le match !

La partie reprend. Au bout de cinq petites minutes, Thomas Meunier, l'arrière latéral belge du PSG, trébuche en pleine surface de réparation. Dans sa chute, il fauche Neymar, qui n'en demandait pas tant. Penalty. À l'image de son défenseur, le PSG ne tient plus debout, comme un boxeur qui est en train d'être mis K.O. Messi transforme le penalty. Pour moi, c'est maintenant inéluctable : Paris va être éliminé. Comme les joueurs, je me sens asphyxié. La dramaturgie est tellement intense que je perds déjà un peu ma voix. Il reste pourtant encore quarante minutes à commenter.

62ᵉ minute : alors que RMC est en pleine coupure pub, Cavani marque à la surprise générale le but qui, le croit-on à ce moment-là, va tout changer et qualifier le PSG. Il y a une règle en radio : commenter le but à la reprise de l'antenne comme s'il avait été inscrit en direct. Jano se met donc à hurler au micro avec jubilation, la fenêtre de la cabine ouverte, une minute après le but, alors que le Camp Nou est anesthésié, « climatisé » et qu'on entendrait une mouche voler. Les supporters du Barça croient qu'on se moque d'eux, se retournent, furieux, nous insultent et nous font des doigts d'honneur énergiques et amers ! Ils sont abattus, c'est pour eux la fin du rêve. Il n'y aura pas de *happy end* cette fois. Les prolongations n'étant maintenant plus possibles, il faut trois nouveaux buts à leur équipe pour éliminer les Parisiens. Le match est plié, quoi. On entend pour la première fois les quelques milliers de courageux supporters parisiens. Jano et moi, pendant vingt-cinq minutes, on relâche la pression dans nos commentaires. Je me souviens même que pendant une coupure on est déjà en train d'espérer un quart de finale à Dortmund, où l'ambiance est extraordinaire. C'était avant que le match n'entre dans le métavers.

Il reste cinq minutes à jouer. Les supporters catalans commencent déjà à quitter le stade. Ils se dirigent vers les sorties par le grand escalier. Les joueurs du Barça ont pris un gros coup derrière la tête et je dis au micro que le seul qui semble encore y croire s'appelle Neymar. Il est en effet étincelant et hyperactif. C'est lui qui va sonner la révolte. À la 88ᵉ minute, il obtient un coup franc à vingt mètres du but parisien. Sa frappe parfaitement enroulée finit dans la lucarne. L'espoir revient dans les travées. Les spectateurs qui fuyaient s'arrêtent sur les marches et c'est debout qu'ils voient deux minutes plus tard Suarez s'écrouler. Un nouveau penalty, plus que litigieux celui-là, est accordé par l'arbitre de la rencontre, le controversé Deniz Aytekin. D'ailleurs, les supporters *blaugranas* inventeront un chant à sa gloire après le match pour le remercier. Au commentaire, Jano et moi commençons déjà à perdre un peu pied. Je n'arrive plus à trouver mes mots et nous sommes très en colère contre l'arbitre. Neymar marque le penalty et tout le monde se rassoit en tribune, conscient qu'il est en train de se passer quelque chose d'unique. C'est tout un peuple qui pousse ses héros. Il ne manque plus qu'un but aux Barcelonais pour réussir l'un des plus grands exploits de l'histoire du foot.

Il y a encore quatre minutes à jouer. Les Parisiens n'arrivent plus à toucher la balle et je n'imagine pas qu'ils puissent tenir le coup. Il reste trop de temps et l'ambiance devient irrespirable. Jano Resseguié est une légende de la radio, une véritable machine au commentaire, mais là, il est épuisé. Nous sommes tous les deux à bout de souffle, à la limite de l'anoxie ! À Paris, dans le studio de RMC, Gilbert Brisbois a l'idée géniale de la jouer à la manière d'un contre-la-montre du tour de France. « Cinquante secondes ! » égrène-t-il. On a l'impression d'avoir déjà brûlé tout le gaz que nous avions en stock mais nous donnons tout ce que nous pouvons. « Trente secondes ! » Nous nous passons tour à tour le micro comme les joueurs du Barça le ballon. Comme eux, nous sommes en feu ! Jano dit, au bout de son air : « Ballon pour Neymar… » et me laisse la main. J'entends Gilbert dire : « Vingt secondes ! » Et c'est moi qui me retrouve à commenter le sixième but de Barcelone, celui qui élimine le PSG.

Je suis debout, dans un état second. Je me revois crier en direct : « La remontada a eu lieu, l'assassin s'appelle Sergi Roberto ! » Je suis témoin d'un crime, je décris des scènes de drame. Je vois Luis Enrique, l'entraîneur du Barça, courir comme un dératé vers ses joueurs. Les Parisiens sont dépités, hagards. Le Camp Nou bascule dans la folie. Autour de nous, les supporters nous chambrent. De colère, je donne un coup de poing dans mon siège. C'est stupide, mais les sentiments sont décuplés dans un stade. Je suis furieux : les Parisiens n'ont pas pu éviter l'inéluctable. Comment ne se sont-ils pas rendu compte de ce qui était en train d'arriver ?

Nous rendons l'antenne. Groggy, je pose mon micro-casque. On ne se dit même pas un mot avec Jano. Je croise mon collège de RMC, Louis Amar : il est livide. On n'arrive pas à y croire. Je dois encore me rendre à la conférence de presse d'après-match. Je me dirige comme un zombie vers un ascenseur du stade que je partage avec des dizaines de supporters surexcités qui hurlent, ivres de joie. C'est un cauchemar. Abasourdi et sonné, je me sens comme un pantin. J'agis de manière mécanique, je ne sais plus vraiment ce que je fais. Je vois arriver un Unai Emery titubant en salle de presse. Il est dans le même état que moi. Sous le choc.

Je me suis assis devant le stade. Les Barcelonais faisaient la fête comme s'ils avaient gagné la Ligue des champions. Ils savaient qu'ils venaient de vivre un moment historique. Rentré à l'hôtel, je n'arrive pas à trouver le sommeil. Est-ce que tout ça s'est vraiment passé ? C'est surréaliste. D'habitude, quand l'équipe que j'aime perd, je le vis mal dix minutes puis je passe à autre chose. Mais là, ça m'a profondément marqués, alors que je ne suis pas particulièrement supporter de Paris. J'ai vécu un truc qui restera. Dans ma tête et dans celle de tous les fans de foot. D'ailleurs, on me le rappelle encore souvent à la radio : je suis celui qui a commenté le but de Sergi Roberto ! Et puis ce match a eu un écho partout dans le monde. On ne se rend pas vraiment compte de la portée de ce Barcelone-PSG. J'ai vécu pendant cinq ans en Argentine et même là-bas on m'en parlait. Ce match a dépassé le simple cadre du football. Il est comme une leçon de vie : rien n'est jamais fini.

---

* Supporters sociétaires du FC Barcelone, qui peuvent notamment voter lors de l'élection du président du club. Ils sont à peu près 150 000.

J'Y ETAIS
J'Y ETAIS

ACHETEZ VOS BILLETS POUR LES PROCHAINS MATCHS SUR BILLETTERIE.STADE-DE-REIMS.COM

STADE AUGUSTE DELAUNE - DOMINO'S LIGUE 2 - SAISON 2016-17

VENDREDI 19 MAI 2017 A 20H30 - DATE A CONFIRMER

**STADE DE REIMS**

AMIENS SC

**MEANO SUP. ACCES F**

| BLOC | RANG | PLACE |
|---|---|---|
| 36 | F | 257 |

**PLEIN TARIF**

CATEGORIE 5 - 18,00 EUROS

CLIENT : 87343 - AMIENS SC -

COMMANDE : 83457 - BILLET : 372571

10000372571761 248/422

Domino's LIGUE 2

OFFRE PROMO

Domino's Pizza

2 pizzas medium
à emporter 12€

Code : 3762

Voir conditions et magasins participants sur dominos.fr

2016
2017

LFP

38E JOURNÉE DU CHAMPIONNAT DE FRANCE DE LIGUE 2
**19 MAI 2017, STADE AUGUSTE-DELAUNE (REIMS)**

## STADE DE REIMS 1 - 2 AMIENS SC

★

### LE PLUS BEAU DES CADEAUX

Ce match n'est pas une finale de Coupe d'Europe. Même pas de Coupe de France. Il n'y avait pas de stars sur le terrain ce soir-là. Et le niveau de jeu n'a pas atteint des sommets. Il n'a pas non plus fait vibrer un pays entier et la plupart d'entre vous en entendent parler pour la première fois. Ce Reims-Amiens n'est pas un match de légende mais c'est personnellement mon plus grand souvenir de stade.

Je suis né à Amiens et, quand j'étais gamin, j'allais avec mon père au stade Moulonguet voir jouer l'Amiens Sporting Club. Des souvenirs incroyables dans le froid glacial de l'hiver picard, debout, accroché aux grilles derrière un but, à apercevoir les actions entre les filets. À la mi-temps, on allait à la buvette manger une frite. Et je me souviens que souvent, en deuxième période, il y avait moins de monde dans les gradins, bien des spectateurs préférant rester boire des bières plutôt que d'aller suivre le reste du match ! J'étais là quand, en 1998, Amiens a éliminé Monaco en Coupe de France. Et puis, en 1999, le stade de la Licorne est sorti de terre. C'était le grand stade, moderne, beau, lumineux avec ses grandes verrières. J'étais fier de voir enfin une telle enceinte dans ma ville. Deux ans plus tard, j'y étais quand Amiens s'est qualifié pour la finale de la Coupe de France. J'ai vécu à la Licorne des joies immenses, des désillusions, des grandes colères, des victoires sur le fil, des injustices, des montées, des descentes, des grands vides et des pleins magnifiques. Alors, quand l'ASC, au terme d'une saison 2016-2017 aussi enthousiasmante que surprenante, est à une petite victoire d'accéder à la Ligue 1 pour la première fois de son histoire, mon père et moi ne pouvions être ailleurs qu'au stade Auguste-Delaune de Reims pour cette dernière journée de Ligue 2 qui allait rester dans les cœurs et les mémoires de tous les Amiénois.

Pourtant, ce 19 mai 2017, quand arrive la 90e minute, les joueurs d'Amiens, pris par l'enjeu, n'ont toujours pas réussi à battre les Rémois. Un match nul qui les sort du trio de tête au classement. Adieu les rêves de gloire. Et puis, après six minutes d'arrêt de jeu, et sur la toute dernière action du match, le numéro

dix de l'ASC, Emmanuel Bourgaud, surgit pour me faire vivre la plus grande émotion de ma vie. En pleurs, j'ai pris mon père dans mes bras. Nous allions voir notre club côtoyer enfin l'élite du foot français.
Emmanuel restera à jamais un héros pour les Amiénois. Même si sa carrière l'a amené aujourd'hui à Saumur, loin de la capitale picarde, des inconnus viennent encore le féliciter pour ce but de la 96e minute qui fut un hit sur YouTube dans le monde entier. Il me raconte avec un plaisir immense cette action qui a changé sa vie. Jérôme, lui, était le speaker du stade de la Licorne à l'époque. Amoureux de la ville, il a passé dix-sept ans au club. Placé entre les deux bancs de touche ce soir-là, il a vécu ce qu'il décrit comme un « traumatisme émotionnel ».

---

### 15 203 SPECTATEURS… ET JÉRÔME JEAN, 51 ANS, SPEAKER, & EMMANUEL BOURGAUD, 36 ANS, JOUEUR PROFESSIONNEL

**Jérôme :** Petit, je jouais au foot mais je n'avais aucun talent. J'avais deux pieds gauches, en revanche j'avais déjà une langue : je parlais beaucoup sur les terrains ! Plus tard, je suis devenu responsable marketing et communication du club du Havre. Et puis j'ai déménagé à Amiens. Je suis tombé amoureux de la ville. J'ai été approché par l'ASC et, de fil en aiguille, je suis devenu le speaker du stade de la Licorne. Une histoire d'amour qui a duré dix-sept ans. Dans un club comme Amiens, un speaker doit être polyvalent. Je devais m'occuper de rencontrer les supporters, je faisais un peu de com, parfois même je me retrouvais dans le vestiaire avec le coach. C'est ce qui a rendu mon aventure amiénoise exceptionnelle. Quand tu te retrouves avant-dernier de National, aux portes du CFA, en plein mois de février, tu restes chez toi si tu n'aimes pas le club. Il n'y avait pas beaucoup de moyens, mais j'ai connu des ambiances extraordinaires à la Licorne. Quand ce petit stade fermé, un peu à l'anglaise, se met à pousser…

**Emmanuel :** Pour moi, c'est l'un des plus beaux stades. La Licorne était toujours aux trois quarts plein, même quand on était milieu de tableau en Ligue 2. À Amiens, il y a un vrai public fidèle. Dans tous les clubs, quand un joueur donne son maillot à la fin d'un match, il doit le rembourser. 80 ou 90 euros, en général. Mais je me souviens que le président nous demandait seulement 30 euros pour nous encourager à faire plaisir aux supporters. Il n'y a qu'à Amiens que j'ai vu ça.

Je suis né à Angers. J'étais accro au ballon. Il accompagnait mes journées à la maison. Je suis entré à 13 ans au centre de formation du SCO et j'ai signé mon premier contrat professionnel à 19 ans. Je faisais des bouts de match en Ligue 2, mais je voulais plus de temps de jeu. Je suis alors parti à Créteil, puis au Poiré et à Colmar pour faire mes classes en National. C'est là qu'Amiens m'a repéré. Je n'y ai que des bons souvenirs. Lors de ma première saison en Picardie, l'équipe a fini troisième de National. La deuxième année, nous sommes deuxièmes de Ligue 2 avant la dernière journée. Nous avons alors notre destin entre nos pieds. Une dernière victoire et nous sommes en Ligue 1.

La Ligue 1. Un rêve de gosse pour tous les joueurs de l'équipe. Pourtant, la semaine précédant le match, je ne prends pas vraiment conscience de l'enjeu. Nous sommes dans une phase ultra-positive de victoires, nous sommes en pleine confiance. Nous nous préparons de la même manière que les autres semaines. Ce n'est qu'en entrant dans le bus qui nous amène à Reims, le 19 mai 2017, que je comprends. Tout va se jouer maintenant : soit on monte dans l'élite, soit on gâche tout ce qu'on a fait cette année. D'habitude, on met un sacré foutoir, mais là tout le monde est concentré. Le coach, Christophe Pélissier, se demande s'il n'a pas pris le bus tout seul !

**Jérôme :** On a coordonné le départ d'une trentaine de cars depuis Amiens. Les familles des joueurs sont mélangées avec les supporters, c'est beau ! Je suis au bord du terrain quand nos joueurs entrent sur la pelouse pour s'échauffer. Un truc de fou. Il n'y a que des Amiénois dans le stade, des milliers ont fait le déplacement. Ce soir-là, le stade Auguste-Delaune de Reims s'est transformé en Licorne.

**Emmanuel :** On n'était pas au courant qu'il y avait autant de monde. Quand j'entre sur la pelouse, j'hallucine. Toute la ville est là !

**Jérôme :** Je me mets d'accord avec le responsable de la sécurité et le délégué de la Ligue pour me placer entre les deux bancs de touche, debout. Le président du Stade de Reims m'autorise à donner la composition d'Amiens au micro. C'est un beau geste de sa part.

**Emmanuel :** Dans les vestiaires, avant le match, j'apprends que je suis remplaçant. Le coach nous diffuse des messages d'encouragement de la part de tous les salariés du club, de nos familles, des supporters. Je me souviendrai toujours de ce qu'il nous dit ensuite : « Je ne peux pas jouer à votre place. Vous savez ce que vous avez à faire. Mais surtout, n'oubliez pas, un match se joue jusqu'à la dernière seconde. » Sa phrase aura une résonance particulière, deux heures plus tard…

En début de saison, le coach nous avait fait voir quelques secondes de la vidéo d'une course à pied. Il nous avait demandé de suivre l'un des athlètes, celui qui était bon dernier. Tous les cinq matchs, il nous diffusait quelques secondes de plus et on a vu le coureur rattraper ses concurrents, un à un, tout au long de l'année. Lors de ce dernier discours avant d'aller jouer le match le plus décisif de nos carrières, le coach nous a montré la fin de la course : l'athlète a fini premier.

Le match commence mieux qu'on ne pouvait l'espérer. Dès la 13e minute, nous ouvrons le score. Nous confortons ainsi notre deuxième place au classement et donc notre accession en Ligue 1. Il faut tenir. Nous avons beaucoup d'occasions mais nous n'arrivons pas à tuer le match. Un but de Reims et tout s'écroule. Je trépigne sur le banc. Je n'ai pas de prise sur les événements. C'est très dur pour moi.

**Jérôme :** Ce qui nous pendait au nez arrive : les Rémois égalisent à l'heure de jeu. Ça devient alors angoissant. Les joueurs se crispent et les vingt dernières minutes sont invivables. Le Stade de Reims a une énorme occasion à quatre minutes de la fin. Ça passe au ras du poteau. À deux à un, on pouvait remballer nos illusions.

**Emmanuel :** Le coach me demande d'aller me préparer pour entrer en jeu. Je suis trop stressé, je ne fais que regarder ce qui se passe sur la pelouse, et quand j'entre sur le terrain à un quart d'heure de la fin, je ne me suis même pas échauffé une minute ! Pourtant, je sais que je vais avoir un rôle à jouer. Je suis plutôt un bon tireur de coups de pied arrêtés et il va y avoir des coups francs à jouer dans cette fin de match tendue. C'est pour cette raison que le coach me fait rentrer.

**Jérôme :** Avec ce match nul, et au regard du score des autres matchs en cours, Amiens n'est plus sur le podium. On pointe même à la sixième place. C'en est fini de nos espoirs de Ligue 1. Je pense déjà à ce que je vais dire aux cinq mille spectateurs qui suivent le match au stade de la Licorne sur un écran géant et qu'il faut que je rejoigne après la rencontre. Je m'imagine les consoler en leur rappelant qu'on a fait une saison remarquable et que cette équipe nous a fait rêver jusqu'au bout. Il faut dire qu'à Amiens, on n'est pas habitués à gagner. Pas un trophée dans l'armoire. Juste une finale de Coupe de France perdue en 2001. Au début de la saison, *France Football* nous avait traités de chèvres. On avait été blessés. Cet article était resté affiché dans le vestiaire des joueurs toute l'année.

**Emmanuel :** Je suis pourtant d'habitude régulier et précis dans mes frappes mais là, je rate tous mes centres. Une catastrophe. Je dois dire que je me mets une pression de dingue. À chaque fois que je pose le ballon sur le point de corner, je sens tous les supporters dans mon dos qui espèrent et qui poussent. Le coach n'en peut plus. Je le vois faire des gestes dans tous les sens à chaque fois que je foire une passe.

**Jérôme :** La rentrée de Manu n'est pas terrible ! Je me souviens que le coach se tourne vers moi et me dit : « Et Bourgaud, il va me mettre un pied devant l'autre ou pas ? » Nous voilà à la fin du temps réglementaire. On n'y arrive toujours pas. Après six minutes d'arrêt de jeu, coup franc pour Amiens. Manu se dirige vers le ballon pour le tirer mais le coach lui crie : « Non ! Pas toi ! Va dans le paquet ! »

**Emmanuel :** Je suis en colère et vexé. Je me place dans la surface de réparation. Je me dis que si le ballon m'arrive, je vais frapper de toutes mes forces. De frustration.

**Jérôme :** Je demande au délégué combien de temps il reste à jouer. Une fois, deux fois, trois fois. Il ne me répond pas. À la quatrième, je lui hurle dessus. Il se tourne alors, sans me regarder, vers l'arbitre central et lui dit : « Tu le joues et tu siffles. » Je comprends alors que ce coup franc à venir est le dernier du match. Notre dernier espoir.

**Emmanuel :** Le ballon arrive au second poteau. L'un de mes coéquipiers le reprend du plat du pied et envoie une chandelle dans la surface. Après une déviation de la tête, la balle retombe devant moi. Je me rends compte que je suis tout seul. À six mètres du but. Je n'ai même pas besoin de la contrôler. J'attends le premier rebond mais j'ai peur de l'envoyer sur la cathédrale de Reims si je tire maintenant ! Alors je la laisse rebondir une deuxième fois. Je ne pense qu'à une chose : cadrer ma frappe. On verra bien ce qu'il se passe, mais surtout ne pas la mettre au-dessus du but. Je m'applique. Boum ! Je prends le ballon parfaitement bien. Il fuse sur la pelouse. Il est légèrement touché par le bout du pied d'un défenseur et passe juste au-dessus des gants du gardien. Je comprends alors que je viens d'inscrire le but le plus important de ma vie.

Je n'ai jamais eu pareille sensation. Je sens un poids énorme disparaître. Je suis libéré. Je pars à grandes enjambées. J'ai une énergie de malade ! Je pourrais sprinter pendant des heures. Je m'allonge sur le dos au poteau de corner. Je vois le public en folie devant moi. Mes coéquipiers me sautent tous dessus dans une pyramide humaine improvisée. Au bout d'un moment, je ne peux plus respirer ! J'ai l'impression que je vais mourir sous le poids de mes potes. Ça aurait été une belle mort.

**Jérôme :** Je sais que c'est fini, que nous sommes en Ligue 1. Et puis plus rien. Je perds pied. Je pars comme un fou. Tout le monde se demande ce que je fais sur le terrain avec mon blazer et mon costard ! Je ne me souviens de rien de plus. Je deviens incontrôlable. Une forme d'hystérie. Ce qui s'est passé est irréel. Encore aujourd'hui, j'ai l'impression de l'avoir rêvé.

**Emmanuel :** Je dis à mes coéquipiers de reprendre leurs places. Il faut tenir le score maintenant. Il doit rester une poignée de secondes à jouer, ce n'est pas le moment de craquer. Mais j'entends soudain les trois coups de sifflet de l'arbitre. Ça y est. Nous avons réussi notre pari.

Quatre mois auparavant, j'avais perdu mon parrain. Il avait toujours été là pour moi tout au long de ma carrière. Il me poussait. C'est lui qui m'emmenait à l'entraînement quand mon père était absent. Peut-être m'a-t-il aidé à ce moment où j'étais en difficulté. Pourquoi me suis-je placé à cet endroit précis où le ballon est tombé ? Je n'étais pas seul ce soir-là. J'avais une bonne étoile quelque part.

**Jérôme :** J'ai été profondément marqué par les visages des joueurs après le match. Ils avaient les yeux écarquillés. Ils nous regardaient comme s'ils avaient reçu le plus beau des cadeaux. Je prends ma voiture pour rejoindre Amiens. Euphorique, je roule comme un taré… et je tombe en panne sur l'autoroute ! J'appelle le stade de la Licorne : « Vous n'allez pas le croire mais mon joint de culasse a pété ! » Je suis là, tout seul dans ma voiture, sous la pluie, et je vois tous les cars des supporters me passer devant. Putain, ils vont arriver avant moi ! Je passe une heure et demie à attendre la dépanneuse.

**Emmanuel :** J'ai reçu tellement de messages ce soir-là que mon portable a buggé. Je ne pouvais plus le déverrouiller. Des gens que je ne connaissais même pas. Je me demande comment ils ont eu mon numéro ! Mes parents ont reçu aussi chez eux des appels d'inconnus qui les félicitaient pour le but de leur fils. Je n'ai pas pu dormir pendant trois jours après le match. Et j'ai attendu avec impatience de connaître le calendrier de la prochaine saison de Ligue 1. Le premier match ? Contre le PSG au Parc des Princes ! Ce 5 août 2017, Neymar, qui venait de signer à Paris, avait été présenté aux supporters. J'ai eu la chance de jouer une demi-heure. C'était Dani Alves, l'international brésilien et ancien du Barça, qui était au marquage sur moi. Un autre monde.

**Jérôme :** Ce but de Manu est ma plus belle émotion de foot. De loin. Je sais que je mourrai avec. Il faut avoir vécu avec ces mecs venus de nulle part, auxquels plus personne ne croyait, pour comprendre. Certains revenaient de blessure et étaient considérés comme perdus pour le foot de haut niveau. D'autres étaient oubliés par le monde professionnel. C'était parce que c'était impossible qu'ils l'ont fait.

FIFA WORLD CUP RUSSIA 2018
DATE ДАТА
30 JUNE '18 ИЮНЯ '18
KICK-OFF TIME НАЧАЛО МАТЧА
17:00
GATES OPEN ВХОД ДЛЯ ЗРИТЕЛЕЙ
14:00*
MATCH МАТЧ 50
FRANCE v. ARGENTINA
ФРАНЦИЯ v. АРГЕНТИНА
KAZAN ARENA ✦ KAZAN
YAMASHEVA AVENUE, 115A
CATEGORY 1 ✦ RUB 14700
КАЗАНЬ АРЕНА ✦ КАЗАНЬ
ПРОСПЕКТ ЯМАШЕВА, 115А
КАТЕГОРИЯ 1 ✦ RUB 14700
Айдар Саеттараев
1400086185
GATE ВХОД 6
LEVEL ЭТАЖ 3
BLOCK БЛОК A108
ROW РЯД 9
SEAT МЕСТО 23
FAN ID REQUIRED FOR ACCESS ✦ ПАСПОРТ БОЛЕЛЬЩИКА НЕОБХОДИМ ДЛЯ ДОСТУПА
LOCAL TIME, (*) SUBJECT TO CHANGE ✦ МЕСТНОЕ ВРЕМЯ, (*) ВОЗМОЖНЫ ИЗМЕНЕНИЯ
ООО «ЧЕМПИОНАТ МИРА ФИФА 2018 БРОНИРОВАНИЕ БИЛЕТОВ»
30.06.2018 | 07:46
0+
60561584
2507451806481301
50
6
3
A108
9
23
60561584

## FRANCE 4 - 3 ARGENTINE

### LA PASSION D'ALEXANDRE

Il le reconnaît volontiers, Alexandre est un peu égoïste quand il s'agit de football. C'est comme ça, au grand dam de sa femme, le foot passe avant tout. Il faut dire que c'est toute sa vie. Alexandre tape dans le ballon depuis qu'il a 5 ans, dans le petit club d'Eure-et-Loir dont son père est dirigeant. À 17 ans, il passe une formation d'arbitrage. « C'est le seul sport auquel tu peux jouer sans connaître les règles et pourtant il y en a beaucoup ! », sourit-il. Aujourd'hui, il arbitre des matchs de N2, quatrième division nationale, à un niveau bien plus élevé que ce qu'il n'aurait jamais pu espérer en tant que joueur. Il a choisi de supporter l'AJ Auxerre, parce qu'il ne voulait pas faire comme tout le monde et être fan du PSG ou de l'OM. Et puis il y a l'équipe de France. À l'été 1998, Alexandre reçoit en cadeau le jour de sa communion une place pour aller voir France-Arabie saoudite, deuxième match de la Coupe du monde. La veille de ladite communion, lors du Pays-Bas-Belgique du 13 juin, il était au Parc des Princes pour porter le drapeau de la Belgique, privilège qu'il avait gagné en remportant un concours dans un magazine ! Ses parents avaient demandé l'autorisation au prêtre pour qu'il puisse s'absenter jusqu'à la cérémonie. L'homme de foi, bien conscient qu'il était impossible d'aller contre la passion d'Alexandre, avait donné avec plaisir sa bénédiction, arguant que le jeune garçon lui en aurait voulu toute sa vie dans le cas contraire. De retour dans la nuit, Alexandre était à l'heure le dimanche matin pour communier. Depuis cette date, ce sont les dieux du foot qu'il prie tous les dimanches.

Après la Coupe du monde au Brésil en 2014, Alexandre s'est abonné aux Irrésistibles Français. Il est depuis l'un des plus assidus et suit nos Bleus à peu près partout. Jusqu'en Russie en 2018, où il était aux premières loges pour assister au but d'anthologie de Benjamin Pavard et à la révélation aux yeux du monde d'un talent hors norme nommé Kylian Mbappé.

## 42 872 SPECTATEURS... ET ALEXANDRE CHÉRON, 37 ANS, TECHNICIEN DE MAINTENANCE

Grâce aux Irrésistibles Français, j'avais réussi à obtenir une place pour le troisième match des Bleus et une pour le huitième de finale, sans certitude que l'équipe de France soit au rendez-vous. Mais une semaine avant le début de la compétition, la Fédération française de football organise une opération de communication qui vise à envoyer vingt-trois supporters en Russie pour assister au premier entraînement des Bleus. Je me porte bien sûr volontaire et... je gagne ! Me voilà parti pour trois jours de car à travers l'Europe. À Moscou, je découvre l'ambiance Coupe du monde, unique. C'est vraiment un truc à faire une fois dans sa vie. Une fête permanente. Le football, c'est juste un bonus. Nous croisons des supporters Argentins. On les chambre en disant qu'on va les battre si le sort nous met sur leur route. Prémonitoire ! Après l'entraînement, on a droit à cinq minutes avec les joueurs. On apprend que la FFF nous invite au premier match à Kazan. C'est Ousmane Dembélé qui me donne ma place en personne. J'assiste donc à un France-Australie poussif. Après la rencontre, je réembarque dans le bus et nous faisons trois jours de voyage dans l'autre sens.

À peine le temps de souffler, je repars à Moscou une semaine plus tard, cette fois-ci en avion. J'assiste à une nouvelle purge, un France-Danemark soporifique : 0-0. Mais la France se qualifie et sera bien opposée à l'Argentine en huitième de finale. J'ai très envie que les Bleus soient champions du monde, mais au fond de moi je n'y crois pas. Je sens que les joueurs ont du mal à se trouver sur le terrain. En revanche, je sais qu'ils savent se transcender dans les grands matchs, et celui-là en est un, sans aucun doute. Ce France-Argentine va être le tournant de la Coupe du monde en Russie.

Le 30 juin 2018, il fait un temps magnifique à Kazan. Le match est prévu dans l'après-midi et il fait très chaud. La Fédération, comme elle le fait de temps en temps, a privatisé un bar qu'elle a renommé « Casa Bleue ». C'est un lieu de rencontre pour tous les supporters français. Je me souviens que la ministre des Sports, Roxana Maracineanu, est présente. Il y a un vrai bonheur partagé d'être là. Tout le monde y croit. On sent qu'on va s'éclater en tribune. À l'extérieur, j'échange quelques mots avec des Argentins. J'apprends que certains ont démissionné pour venir en Russie ! D'autres ont économisé pendant deux ans pour s'offrir le voyage. Pour eux, ce n'est pas qu'un match de foot, c'est toute leur vie. Et ils sont des milliers, galvanisés, presque fanatisés. Plus je m'approche du stade, plus je me rends compte que nous allons être en minorité. Et quand j'entre dans la Kazan Arena, une heure et demie avant le coup d'envoi, je me rends compte que la gentille ambiance Coupe du monde festive et décontractée s'est envolée aux portes du stade.

Nous arrivons dans le carré de tribune qui nous est réservé, juste derrière un but, et je me rends compte que les Argentins s'y sont installés à notre place. Ils ont accroché des bâches à la gloire de leurs joueurs, ce qui représente un affront dans le monde des supporters. On interpelle les stadiers mais ceux-ci laissent faire. Alors on décroche nous-mêmes les banderoles des Argentins. Ça a le don de les ulcérer. Ils reviennent à la charge. La tension monte d'un cran. On se sent agressés. C'est à qui va recouvrir la bâche de l'autre. Je comprends que des Français ont revendu leurs places au marché noir et que les Argentins se sont rués dessus. Nous ne sommes que quelques milliers, perdus au milieu d'une arène acquise à la cause albicéleste. Concrètement, il n'y a que des supporters argentins ce jour-là dans la Kazan Arena.

Dès l'échauffement des joueurs, l'ambiance est exceptionnelle. Pour être tout à fait honnête, je me contente un temps de regarder les tribunes et de profiter des chants argentins. Je les revois tous ensemble faire tourner leurs écharpes au-dessus de leurs têtes, c'est un moment fantastique. Ils chantent à la gloire de Messi, qui est un dieu pour eux. Diego Maradona, présent en tribune, apparaît sur les écrans géants. Le stade se soulève, c'est une folie absolue. Les supporters argentins, et je vais le constater durant ce match, peuvent parfois déconnecter. Leur passion est par moments totalement disproportionnée. Une bronca énorme accueille les joueurs français. L'ambiance devient carrément hostile. La *Marseillaise* est huée, les Argentins nous font des doigts d'honneur. Je n'ai plus qu'une idée en tête : il faut les faire taire.

Le match commence. J'ai les nerfs. Il faut absolument gagner, la victoire serait tellement magique dans cette atmosphère délétère. Les Argentins sont très arrogants. Pour eux, ils vont nous écraser. Ils n'ont aucun doute : cette Coupe du monde est la leur et celle de Leo Messi. Je suis sûr que les joueurs français ressentent cette animosité. Je vois Mbappé partir de son camp avec le ballon dans une course pleine de rage et semer toute la défense argentine. Arrivé dans la surface, il s'écroule. Penalty ! Les Argentins sont enfin muets. Dans notre petit village d'Astérix encerclé, c'est le bonheur. Antoine Griezmann marque et les supporters argentins arrêtent de chanter pour la première fois du match, laissant nos cris de joie percer dans le ciel de Kazan.

Les Bleus sont dans le coup. On y croit plus que jamais. Pourtant, juste avant la mi-temps, Angel Di Maria décoche devant moi une frappe sublime qui part en pleine lucarne. Égalisation de l'Argentine. Le but est tellement beau qu'il n'y a rien d'autre à faire que s'incliner. Les Argentins, eux, reprennent leurs invectives. J'ai fait beaucoup de stades dans beaucoup de pays dans ma vie, mais je peux affirmer que les Argentins sont les plus chambreurs.

La deuxième mi-temps commence et l'Argentine marque très rapidement un second but. Les supporters se retournent vers nous et nous hurlent des insultes, nous font des doigts d'honneur à tour de bras. Eux, comme leurs joueurs, fêtent ça comme s'ils avaient déjà gagné le match. Je me dis que c'est le bon moment pour climatiser le stade.

Dès la remise en jeu, je sens que nos joueurs reprennent le dessus. À la 57e minute, Lucas Hernandez déborde sur l'aile gauche et adresse un long centre au deuxième poteau. Je suis placé parfaitement derrière le but et je vois Benjamin Pavard armer sa frappe. Quand le ballon part de son pied, en une fraction de seconde je me dis qu'il va taper la barre et qu'on ne marquera pas sur ce coup-là. Mais à ma grande surprise les filets tremblent. Pavard vient d'inscrire une reprise de volée légendaire, l'un des plus beaux buts de cette Coupe du monde. En tribune, on fait sortir toute notre rage accumulée. On s'autorise à répondre aux Argentins, on leur crie qu'on ne les entend plus. Remplis de fierté, on leur montre le coq sur nos maillots : on a envie de leur faire bouffer ! La France domine outrageusement et Mbappé inscrit deux nouveaux buts. En dix minutes, les Bleus ont retourné totalement le match : 4-2. Les Argentins basculent dans le désespoir et l'aigreur. Désormais, ils nous haïssent littéralement. Pour le coup, on n'essaie plus de les chambrer à ce moment-là car s'ils avaient voulu venir nous casser la gueule, personne n'aurait pu les en empêcher. On est totalement noyés au milieu d'eux, au centre des injures, à la merci du moindre mouvement de foule.

On se dirige tranquillement vers la victoire quand Sergio Agüero inscrit le but de l'espoir pour les Argentins pendant les arrêts de jeu. Il ne reste que quelques minutes à jouer et les supporters poussent plus que jamais leurs joueurs. Sur la dernière action, Di Maria a la balle de l'égalisation au bout du pied. J'entends un « Ouh » énorme partagé par tout le stade, de soulagement pour les Français et de détresse pour les Argentins quand le ballon passe au-dessus du but de Lloris. L'arbitre siffle la fin du match. On l'a fait, on a fait taire la puissante armada Argentine, nous, les petits Gaulois en sous-nombre.

Pendant que les joueurs français célèbrent sur le terrain leur magnifique victoire, un responsable de la FFF nous rejoint en tribune. Il nous demande de ne pas bouger pendant vingt minutes après que tout le monde sera sorti du stade, le temps que les forces anti-émeutes se mettent en place. Dehors, des Argentins veulent « se faire du Français ». C'est la première fois de ma vie que je vis un truc pareil. On reste donc patiemment dans notre petit coin bleu et on reçoit la visite de quelques supporters argentins. Certains sont des rageux, mais beaucoup sont beaux joueurs et ils n'ont d'yeux que pour Kylian Mbappé. Ils nous assurent qu'il est le nouveau roi du monde, au même titre que leur idole Leo Messi. « On a eu un extraterrestre en face de nous », concluent-ils.

On finit par sortir du stade en restant groupés, encadrés par la police russe. À peine dehors, un Français non loin de moi se fait attraper par la nuque par un Argentin fou de rage. Aussitôt, deux policiers surgissent, l'empoignent et l'emmènent. Je comprends que les Russes n'autoriseront aucun débordement. D'ailleurs, je me suis demandé si je devais passer par l'hôtel pour me changer avant de ressortir faire la fête, de peur de tomber sur des fans argentins violents. Mais vu le déploiement militaire dans les rues, je décide de garder mon maillot bleu. La fête qui suit est belle et se déroule comme dans un rêve. Je croise encore des Argentins amoureux de Mbappé qui nous souhaitent d'aller gagner cette Coupe du monde.

C'est le match de ma vie. Quand je suis rentré en France, je n'ai pas pu m'empêcher de le regarder trois fois ! Et j'ai encore des frissons à chaque fois que j'en parle. Les Argentins ont parfois dépassé les bornes mais ce sont des supporters extraordinaires. C'était un spectacle grandiose.

J'Y ETAIS
J'Y ETAIS

FIFA WORLD CUP RUSSIA 2018
DATE ДАТА
15 JULY '18 ИЮЛЯ '18
KICK-OFF TIME НАЧАЛО МАТЧА
18:00
CLOSING CEREMONY ЦЕРЕМОНИЯ ЗАКРЫТИЯ
17:30*
GATES OPEN ВХОД ДЛЯ ЗРИТЕЛЕЙ
14:00*
MATCH МАТЧ 64
FRANCE v. CROATIA
ФРАНЦИЯ v. ХОРВАТИЯ
LUZHNIKI STADIUM ✦ MOSCOW
LUZHNIKI STREET, 24, BLD. 1
CATEGORY 2 ✦ USD 710
СТАДИОН ЛУЖНИКИ ✦ МОСКВА
УЛИЦА ЛУЖНИКИ, 24, СТР.1
КАТЕГОРИЯ 2 ✦ USD 710
Dursu Hatice
300761298
PAVILION ПАВИЛЬОН 1.B
LEVEL ЭТАЖ 3
BLOCK БЛОК B154
ROW РЯД 25
SEAT МЕСТО 9
FAN ID REQUIRED FOR ACCESS ✦ ПАСПОРТ БОЛЕЛЬЩИКА НЕОБХОДИМ ДЛЯ ДОСТУПА
LOCAL TIME, (*) SUBJECT TO CHANGE ✦ МЕСТНОЕ ВРЕМЯ, (*) ВОЗМОЖНЫ ИЗМЕНЕНИЯ
FIFA TICKETING AG
13.07.2018 | 12:44
0+
60722375
4645684668982101
64 1.B 3 B154 25 9
60722375

# FRANCE 4 - 2 CROATIE

★

## COMME UNE HISTOIRE D'AMOUR

Adrien a d'abord l'amour des Rouges et Noirs de l'OGC Nice. C'est son père qui le lui a transmis en l'emmenant au stade du Ray quand il était gamin. Mais, quand à l'âge de 10 ans il reçoit un guide du Mondial 2002, il se découvre fou du jeu, de ses stars, habité, comme possédé. Comptant les jours avant le début du tournoi, il connaît le calendrier par cœur. Et il se plonge avec passion dans l'histoire du foot.
Alors, pour lui, être présent quinze ans plus tard dans un stade pour une finale de Coupe du monde avec la France, c'est vivre un moment historique. C'est aussi puissant que de dire : « J'étais là quand l'Homme a marché sur la Lune ! »

---

## 78 010 SPECTATEURS… ET ADRIEN COUROUBLE, 32 ANS, JOURNALISTE SPORTIF

Avant un grand match, il n'y a rien à faire, je stresse. Je ne peux pas me raisonner. Car je sais que ce que je vais vivre va rester en moi.

Je vis très mal la défaite des Bleus en finale de l'Euro 2016. J'ai 24 ans, je suis à Paris, ça fait deux ans que je travaille en tant que journaliste, j'ai plein de potes, je m'éclate, mais depuis mes 14 ans l'équipe de France ne m'offre que des déceptions. Alors, lorsqu'on atteint la finale de cet Euro, en plus en France, je me dis que c'est une chance unique de faire une fête mémorable. Les Portugais gâchent tout. Après le match, je pleure tout seul devant le canal Saint-Martin. C'était le moment parfait pour vivre une grande victoire. Je suis persuadé que je n'aurais plus jamais cette chance…

Deux ans plus tard jour pour jour, le 10 juillet 2018, la France bat la Belgique et se qualifie pour la finale du Mondial en Russie. Il est

2 heures du matin, la fête est à la hauteur de l'événement. Je me souviens que je suis en train de sauter sur une table quand je reçois un SMS d'un de mes amis : « T'es prêt à aller à la finale avec moi ? » Au début, je crois à une blague. Je l'appelle. Il avait une deuxième place. Il m'annonce le prix : 750 euros. À ce moment de ma vie, c'est une très grosse somme. J'hésite, mais dans l'euphorie j'accepte. Après tout, est-ce que je regretterai cet argent si je vois la France gagner ?

Pendant la nuit, je trouve un billet d'avion pour Moscou *via* la Sicile et la Grèce. Moscou est une ville qui a compté dans mon imaginaire d'enfant car ma mère y a grandi. Mon grand-père était intendant à l'ambassade de France en Russie. Et je m'y retrouve quatre jours plus tard pour vivre la finale de la Coupe du monde.

Ce 15 juillet 2018, je me rends d'abord à une réception offerte à tous les Français à l'ambassade de France, sur les traces de mon grand-père. Je bois quelques coupes, je discute avec des supporters. Mais rapidement je me mets en route pour le stade ; je ne veux pas rater une seconde de cette journée. Même l'échauffement est important. J'arrive au stade deux heures avant le coup d'envoi. L'ambiance est festive. Il n'y a pas d'animosité entre Français et Croates. Ces derniers sont beaucoup plus nombreux que nous mais se contentent de nous chambrer gentiment. Ils mettront une super ambiance jusqu'au bout, malgré la défaite.

Je repère aussi beaucoup de maillots d'autres nations. Je remarque très clairement que ces spectateurs-là sont bien plus aisés que le public populaire qu'on peut voir à Nice ou à Brest. Je suis aussi frappé par le nombre de caméras tout autour de nous. Il y a beaucoup de journalistes en duplex, d'ailleurs je me fais interviewer trois ou quatre fois sur le chemin. Le dispositif de sécurité est énorme, je passe par de nombreux barrages avant d'arriver devant le stade.

On voit souvent des vidéos d'enfants émerveillés qui entrent dans un stade pour la première fois. Eh bien, ce jour-là, je ressens la même chose en pénétrant dans le Loujniki. C'est majestueux. Je suis placé du côté des supporters français, devant le but où Pogba et Mbappé marquent en deuxième mi-temps. En bon Nissart, j'ai apporté un drapeau niçois.

J'aperçois au loin le président de l'OGC Nice, Jean-Pierre Rivière. Alors évidemment, je décide de faire le tour de la tribune pour parvenir jusqu'à lui. Il nous accueille, moi et mon drapeau, avec de grands sourires. Il accepte de faire un selfie mais prend son téléphone personnel, raison pour laquelle je n'ai jamais vu cette photo !

Passée une cérémonie de clôture plutôt ennuyeuse malgré la performance de Will Smith, vient le moment des hymnes. Je n'en ai aucun souvenir ! Trop tendu. Trop concentré. Mais j'ai chanté la *Marseillaise* à pleins poumons, ça, j'en suis sûr. Le souvenir principal de cette finale, c'est le stress. Il ne me laissera tranquille que dans les cinq dernières minutes du match. J'ai peur de la défaite. J'ai peur de revivre les désillusions de 2006 et de 2016. Et j'ai peur d'avoir dépensé tout cet argent pour rien...

On commence très mal le match. On ne joue pas bien. Pourtant, à la 18e minute, les Bleus ouvrent le score sur un but de l'attaquant croate Mandzukic contre son camp. On marque sur un coup du sort, et ça ne me rassure pas. D'ailleurs, les Croates égalisent dix minutes plus tard. Vers la 30e minute, les joueurs s'arrêtent. Dans la tribune, on ne comprend rien. Ça se passe de l'autre côté du terrain. La VAR intervient. On attend. Ça semble durer des heures. Penalty pour la France ! Quand Griezmann marque, je suis comme un fou furieux. Rien ne peut arriver à cette équipe qui ne joue pas bien mais qui gagne quand même. Et je pense à tous ceux qui sont en France dans les bars. Je me dis qu'on va rater la fête au pays !

En deuxième mi-temps, les Bleus marquent encore deux fois. 4-1 pour la France ! C'est la folie : je hurle mon bonheur dans le ciel russe. Mais lorsque Lloris fait une erreur qui permet à Mandzukic de marquer, cette fois pour la Croatie, je suis certain que les Croates peuvent revenir. Je dis à mon pote : « S'ils en marquent un troisième, ils vont réussir à égaliser ensuite, c'est sûr ! » Un fan français m'entend et me dit de la fermer ! C'est tendu. Le stress reprend de plus belle.

Et puis l'arbitre siffle la fin. Un hurlement... Un bonheur... Un sentiment de plénitude qui ne me quitte plus. Les joueurs viennent célébrer la victoire avec nous sous la pluie. Ils nous présentent la coupe. Elle passe de main en main. Elle est là, toute proche, on peut presque la toucher.

On a gagné la Coupe du monde ! Vingt ans après... C'est énorme vingt ans dans une vie. J'avais 6 ans en 1998. Je me souviens très bien de la fête qui a suivi la finale : je me suis dit qu'il y avait une meilleure ambiance qu'au Nouvel An ! On est les rois du monde pendant quatre ans. Partout où tu vas aller, on te parlera de la Coupe. On est soixante-cinq millions à être champions du monde ce soir-là.

Avec les autres supporters français, on reste dans le stade pendant des heures. On fait la fête, je fais des FaceTime avec des potes à Paris. Je reçois beaucoup de messages aussi, comme si le fait d'y être me transforme en un protagoniste de cette finale. Le lendemain, je rentre en France en rapportant dans mes bagages le journal local russe qui titre « Vive la France », que je fais encadrer avec mon billet de la finale et que j'accroche au mur de ma chambre. Trois jours après mon retour, mon boss de chez RMC, où je travaillais en tant que pigiste, me propose un CDI. C'est un été de très grand bonheur. L'été de mes 25 ans. Je m'en souviendrai toute ma vie.

Avoir vu cette finale, c'est un événement majeur de mon existence, et pas seulement en tant que supporter. C'est important dans ma mémoire personnelle. J'aime en parler, m'en souvenir. C'est comme une histoire d'amour.

Aujourd'hui je commente des matchs pour BeIn Sports, principalement en Ligue 2, et je retrouve le football populaire de mon enfance. Je prends beaucoup de plaisir à Laval, par exemple. C'est un stade qui sent la merguez, et c'est déjà énorme ! Derrière le but, il n'y a pas de tribune, il y a la friterie Chez Bouboule ! Un public familial habillé de haut en bas aux couleurs du club dans un stade petit mais plein, et ça, ça me parle. Le foot, ce n'est pas que Chelsea ou le Real. L'odeur, les projecteurs, la clameur... Vivre l'ambiance d'un stade, ça marque au fer rouge.

J'Y ETAIS
J'Y ETAIS

SAISON 2021/2022

ORANGE VELODROME - MARSEILLE

OLYMPIQUE DE MARSEILLE
FC LORIENT

DIMANCHE 17 OCTOBRE 2021
20:45
DATE ET HORAIRE NON DEFINITIFS

JEAN BOUIN

| PORTE | TRAVEE | RANG | PLACE |
|---|---|---|---|
| 1 | PRESIDENTIELLE | [redacted] 14 | [redacted] 16 |

WELCOMBACK

PROTOCOLE
TARIF INVITATION
CDE : 420585

DROIT AU BUT

PROTOCOLE

17910410041053

LIGUE 1 Uber Eats

Uber Eats

Profitez de 10€ offerts*
sur votre première commande
avec le code L1UBEREATS !
*Conditions sur http://t.uber.com/L1UE

LFP
LIGUE DE FOOTBALL PROFESSIONNEL

Uber Eats orange randstad Hotels.com PARIONS SPORT boulanger CEPAC

## OLYMPIQUE DE MARSEILLE 4 - 1 LORIENT

★

### LA PRIME À L'AUDACE

Pour Marina, la musique classique a sa place partout, y compris dans un stade de foot. Mais le football aussi peut résonner dans une salle de spectacle. Comme un soir de France-Angleterre où elle a porté le maillot des Bleus pendant son concert. Violoniste virtuose, premier prix du conservatoire de Paris, Marina joue partout dans le monde, et transporte sa passion de l'Olympique de Marseille et de l'équipe de France en toutes circonstances. Elle réussit la prouesse de faire cohabiter deux disciplines qui semblent très éloignées et qui pourtant ont bien plus de points communs qu'on pourrait le croire, comme elle l'a si bien expliqué dans une série de chroniques sur France Musique pendant l'Euro 2021. Aussi à l'aise sur France Inter que sur le plateau de la chaîne L'Équipe, Marina pourfend avec bonheur et bonne humeur les clichés et les préjugés liés au foot et à la musique classique.
Le 3 octobre 2021, l'ancien président de l'OM et idole absolue sur la Canebière, Bernard Tapie, succombe des suites d'une longue maladie. Deux semaines plus tard, lors du match qui a suivi, le peuple marseillais rend hommage à celui qu'il appelait affectueusement le Boss. Marina, née à Marseille et fondue de l'OM, accepte ce soir-là, pour l'occasion, de jouer seule le fameux « We Are the Champions » de Queen au milieu de la pelouse du Vélodrome, armée de son violon italien du XVIIIe siècle, qui aura décidément tout connu dans sa vie.

---

### 57 349 SPECTATEURS…
### ET MARINA CHICHE, 42 ANS, VIOLONISTE

Je pense qu'on ne souligne pas assez l'omniprésence de l'imaginaire du foot dans une enfance marseillaise. Moi, j'étais la génération coupe-de-cheveux-à-la-Chris-Waddle ! Au collège et au lycée, le lundi, on ne parlait que des résultats du week-end. Le Vélodrome prend une place énorme dans la vie des Marseillais. La première fois que j'y suis allée, c'était lors d'une compétition sportive interscolaire. Concernant l'OM, mes parents avaient peur des débordements, alors j'ai vu mon premier match très tard. Il a fallu que j'étudie à Paris, que je vive en Allemagne puis en Asie, que je fasse le tour du monde pour enfin entrer dans le Vélodrome ! J'avais imaginé des tas de choses, mais ça a tout dépassé. J'étais subjuguée par la dimension sonore : les chants, les tribunes qui se répondent… Quand j'ai vu les joueurs entrer sur la pelouse, j'ai tout de suite reconnu quelque chose de familier avec les concerts. Je connais bien le trac que tu peux ressentir lorsque tu arrives sur la scène d'une grande salle. Musiciens et footballeurs ont en commun cette gestion mentale qui va se traduire par quelque chose de physique. Et qui va faire vibrer les cœurs. Ce sont des disciplines qui t'engagent au plus profond de ta personnalité.

J'ai commencé le violon à 3 ans. Très vite, à l'école, ça m'a définie : j'étais la fille au violon. Dans ma vie, il y a toujours eu un parallèle entre la discipline sportive et l'apprentissage de la musique. Pour commencer, ma mère était prof de gym. Puis, au collège, je me suis retrouvée dans une classe à horaires aménagés avec des gymnastes. J'étais la seule musicienne entourée de sportives de haut niveau. Certaines de mes amies de l'époque ont été médaillées aux Jeux olympiques d'Atlanta en 1996. Moi, je ne faisais pas de sport, j'avais trop peur de me blesser aux mains.

Le foot est un art. Sans aucun doute. La roulette de Zizou, c'est clairement de la virtuosité. Comme pour un violoniste, son geste technique est parfaitement intégré pour être réussi au moment où il le faut. D'un coup d'œil, il réceptionne le ballon en même temps qu'il oriente le jeu, le tout à une vitesse folle. Et puis il y a le charme de la technique. Leurs gestes pourraient être simplement pragmatiques, mais chez les footballeurs il y a une dimension esthétique, une aisance telle qu'ils jouent avec le sourire. Les grands joueurs, ce sont des danseurs qui allient la beauté à l'efficacité.

Au lycée, j'étais une accro des commentaires sportifs à la radio. Eugène Saccomano a été pour moi un accès à la passion du foot. À la maison, impossible de voir les matchs : la télé était sous clé. J'ai fini par réussir à convaincre mes parents, à la condition de couper le son… et de travailler mon violon ! C'était juste avant la Coupe du monde 1998, et j'avais des posters des Bleus dans ma chambre. Je me suis mise à répéter de manière automatique certains gestes très techniques devant les matchs de l'équipe de France. Il y avait quelque chose d'étonnamment intelligent à occuper une partie de mes sens à autre chose que le violon : ça m'a permis d'inscrire certains traits profondément en moi. Le foot, finalement, m'a fait progresser. Un jour, devant un Maroc-France, je désespérais d'intégrer un geste très difficile : le staccato. À un moment, j'ai vu Thierry Henry faire l'une de ses accélérations dont il a le secret. Il y a eu comme une décharge électrique en moi. L'excitation de suivre son action a sans m'en rendre compte fait accélérer mon poignet… et j'ai chopé le geste ! Aujourd'hui, le staccato, c'est même ma signature.

Dans la foulée, ma mère m'a acheté le maillot de l'équipe de France. Il ne m'a jamais quitté depuis. Je l'ai eu sur le dos quelquefois pendant des sessions d'orchestre au conservatoire de Paris. Contrairement à ce qu'on pense, il y a plein de musiciens dans le classique qui adorent le foot. Le grand chef d'orchestre Daniel Barenboim termine ses concerts plus tôt lorsque l'Argentine joue.

À Marseille, on connaît mon amour pour l'OM. J'ai donné un jour une interview pour *La Provence*, dans laquelle j'ai avoué que mon rêve serait de jouer avant un match au Vélodrome. Après la mort de Tapie, l'OM décide d'organiser un hommage qui se tiendra lors du prochain match à Marseille, le 17 octobre 2021. Trois jours avant la rencontre, le club me contacte. Je fais quelques propositions du répertoire classique mais qui ne font pas vraiment sens. C'est le service de communication de l'OM qui me propose au téléphone de jouer « We Are the Champions ». J'accepte immédiatement. C'est quand je raccroche que je commence à paniquer. Comment adapter ce classique du rock ? Je ne veux pas jouer avec une bande-son, je ne peux pas l'assumer en tant que musicienne classique. J'ai d'autres engagements ce week-end-là, alors je ne peux préparer mon interprétation que la veille.

Je répète le dimanche après-midi, dans le stade vide. Une claque totale. Je me prends de plein fouet l'immensité du Vélodrome, seule avec mon violon. C'est là que j'entends l'un des gars du service de com dire en parlant des spectateurs : « J'espère qu'ils vont jouer le jeu ce soir… » Je comprends alors qu'il y a une possibilité que les gens sifflent que mon intervention fasse un bide ! En plus, j'ai ajouté des difficultés techniques à mon interprétation pour qu'elle soit plus intéressante. J'ai bossé comme une dingue.

Le soir venu, c'est la folie dans le stade. Les supporters sont *on fire*. Tapie, à Marseille, c'est littéralement inimaginable, parce qu'irrationnel. J'arrive au Vélodrome avec mon étui de violon rose, décoré au vernis à ongles, et je me demande ce que je fais là ! J'avoue que je me sens minuscule. Et puis personne ne sait ce que je vais faire. J'entre sur la pelouse. Les joueurs sont là, autour de moi. La famille Tapie est sur le bord du terrain. Beaucoup de pensées se bousculent dans ma tête. Et si je casse une corde ? Le moindre incident, et le moment retransmis en direct à la télé est gâché. L'herbe est humide, et c'est une catastrophe pour mon violon : j'ai de grosses difficultés à l'accorder. On me fait un signe. Il faut que je commence.

Je joue les premières notes et, tout à coup, le stade se tait. Les supporters font le silence. C'est une sensation incroyable. Je me mets en mode mercenaire. C'est inoubliable avant et après, mais pendant, c'est la guerre ! Je suis extrêmement concentrée. Lorsque je termine, je reçois une ovation extraordinaire. C'est ouf ! Mais il faut que je dégage du terrain en vitesse car le match commence. Je n'ai pas vraiment le temps d'apprécier le moment.

L'OM a gagné 4-1 grâce à un super Dimitri Payet, que j'ai toujours adoré. Après le match, des supporters sont venus me féliciter. Mon passage a été posté sur Twitter, et là, ça a été énorme. On m'en parle encore souvent. Certains de mes collègues ont halluciné que j'aie eu le cran de faire ça. On ne valorise pas souvent l'audace dans le milieu du classique. Pourtant, ça compte d'être un peu fou, non ? La preuve : mon violon a fait taire soixante mille personnes.

J'Y ETAIS
J'Y ETAIS

G 34
L 5
B 504
R C
S 15
مرحباً
Welcome
64
G0670024
DATE
التاريخ
18/12
GATES OPEN
موعد فتح البوابة
14:00
KICK-OFF TIME
موعد صافرة البداية
18:00
CLOSING CEREMONY
حفل الاختتام
16:30
64
Argentina vs France
الأرجنتين - فرنسا
Lusail Stadium / استاد لوسيل
Category 1 / 1 الفئة
Complimentary / مجاني
Not For Sale / ليس للبيع
Not Transferable / غير قابل للنقل
FIFA
GATE
البوابة
34
LEVEL
مستوى
5
BLOCK
مدرج
504
ROW
صف
C
SEAT
مقعد
15
Hayya card required for access / يجب حيازة بطاقة هيّا للتمكن من الدخول
FILE: 8076360 | TICKET NO: 07015313413 | 16.12.2022,18:34 | FIFA Ticketing LLC / FIFA
G0670024
FIFA WORLD CUP
Qatar2022
Am____azing

## FRANCE 3 - 3 ARGENTINE

( 2 - 4 T.A.B. )

★

### VERS LE CIEL

Ce match, je l'ai vu en famille, chez mes parents, avec ma femme et mon fils, lui qui n'avait pas encore 2 ans et demi. Quel chanceux ! Moi, j'ai dû attendre seize ans avant de voir ma première finale. Quand Mbappé a égalisé à deux partout, il s'est mis à pleurer, impressionné par les cris de bête que son père et son grand-père poussaient devant la télé ! J'étais moi aussi redevenu un petit garçon, malgré mes 40 ans. J'avais 7 ans tout au plus, et je sautais dans les bras de mon père, et on se serrait fort, ivres de bonheur. Merci, Kylian.

Quand je raconte cette anecdote à Grégoire lors de notre entretien de plus d'une heure, des larmes discrètes lui montent aux yeux. Et il lui faut quelques instants pour reprendre le fil de son récit. Commentateur des matchs des Bleus sur TF1 depuis 2016, et donc aux premières loges au Lusail Stadium, il m'explique avoir vécu une expérience quasi mystique sur ce fameux deuxième but français.

En plus de trente ans, Grégoire a commenté son lot de grands matchs sur tous les terrains d'Europe, mais aussi la finale du 100 mètres aux Jeux olympiques de Pékin, les championnats du monde de handball et, bien sûr, la finale de la Coupe du monde en 2018. Mais, malgré la défaite, ce France-Argentine reste le plus grand souvenir de toute sa carrière. C'est avec beaucoup d'appétit et de générosité qu'il revient sur ce qui est sans doute l'une des plus belles finales de l'histoire de la Coupe du monde.

---

### 88 966 SPECTATEURS… ET GRÉGOIRE MARGOTTON, 55 ANS, COMMENTATEUR DES MATCHS DE L'ÉQUIPE DE FRANCE SUR TF1

À 16 ans, je me suis pris de passion pour le journalisme. C'était la promesse de voyages et de découvertes. Je rêvais d'être agencier, de bosser pour l'AFP ou chez Reuters. Mais le sport n'a jamais été bien loin. En

1992, je suis entré à Canal+ en tant que stagiaire au service des sports. J'ai participé à la création de « Jour de foot », émission qui proposait tous les résumés des matchs du Championnat de France quelques minutes seulement après la fin des rencontres. Une prouesse technique à l'époque.

Mes premiers souvenirs de foot remontent au milieu des années 1970. C'était la grande époque des Verts de Saint-Étienne. J'avais 5 ou 6 ans et je n'avais pas le droit de regarder les matchs, mais j'ai grandi dans ce mythe-là. Ma première fois dans un stade, c'était à Gerland pour un Lyon-PSG en septembre 1977. Je me souviens qu'il faisait très froid. Je n'étais pas encore dans la passion exacerbée. Il faut dire que mon père, prof à la fac, n'était pas du genre à se lever sur les buts ! Et puis il y a eu la Coupe du monde 1978 en Argentine. Avec mon frère aîné, je faisais le mur pendant que les parents étaient sortis pour suivre les matchs. Ce sont mes premières grandes émotions. Quand on voyait à la télé le stade Monumental de Buenos Aires, avec les *papelitos** qui descendaient des tribunes, on avait l'impression de mettre un pied sur Mars. Ça a marqué toute une génération.

Longtemps, j'ai été dans un tunnel de concentration pendant que je commentais. Comme un robot. C'est quand j'ai accédé à mes émotions que j'ai commencé à être un meilleur commentateur. Aujourd'hui, j'arrive à les faire passer simplement. Il faut dire que j'ai à côté de moi un consultant qui vit les matchs à fond : Bixente Lizarazu a été joueur et il a le coq sur le cœur en permanence. Mon rêve, c'était de faire mon métier dans l'excellence, d'avoir le grand talent sous les yeux. Quand tu as commenté le record du monde du 100 mètres d'Usain Bolt... les Bleus, c'est une suite logique.

En revanche, je regrette que ce soit devenu impossible d'avoir de vraies relations avec les joueurs. Thierry Gilardi avait suivi toute la carrière de Zidane, ils se connaissaient très bien, ils étaient potes. Évidemment, pour Thierry, le coup de boule de Zizou en 2006 avait un goût particulier. Thierry Roland, lui, fumait carrément des clopes dans les vestiaires avec Michel Platini ! Ça a changé il y a une vingtaine d'années et c'est de pire en pire. Aujourd'hui, les seuls moments où tu peux croiser les joueurs, c'est en boîte de nuit. Moi, à 54 ans, je ne vais pas passer mes soirées dans un club pour parler trois minutes avec Kolo Muani…

Cette Coupe du monde au Qatar en 2022, je l'ai commencée carbonisé. Je viens de réaliser un grand documentaire sur les dix ans de Didier Deschamps à la tête des Bleus, que je finis la veille de la diffusion après sept nuits consécutives de montage. J'enchaîne directement avec la compétition et je dois dire que le premier tour est très difficile pour Bixente et moi. En clair, on n'est pas bons. Alors on s'est astreint quotidiennement à un programme drastique : sport le matin, préparation des rencontres l'après-midi, commentaire le soir et retour rapide à l'hôtel pour être au lit le plus tôt possible. Ça nous a reboostés. On a commencé à être meilleurs à partir des huitièmes de finale. Quand arrive la finale, je me sens en pleine possession de mes moyens.

Partout sur le globe, lorsque l'Argentine joue en Coupe du monde, il y a toujours au moins trente à quarante mille supporters qui ont fait le voyage. Ce 18 décembre 2022, ils sont déjà dans le stade deux heures avant le coup d'envoi et habités sans aucun doute par quelque chose en plus. Au pays, c'est la crise économique et la plupart ont dû faire des sacrifices terribles pour être présents au Qatar.

Je suis tendu. Je n'ai pas de certitudes mais je me dis que c'est possible, que Deschamps est un magicien, qu'on a passé le plus dur contre les Anglais en quart. En même temps, j'ai deux ou trois infos concernant des cas de Covid chez les joueurs français. Et puis la tension naît aussi de ce duel annoncé entre Messi et Mbappé. On se sent un peu seuls contre tous. Le monde entier voudrait voir Messi gagner enfin le trophée. En tant que Français, tu as l'impression d'être dans ton petit château fort, avec ton bouclier, attaqué de toutes parts. La tribune des journalistes est immense. Les commentateurs télé sont placés de plus en plus haut, alors le terrain nous apparaît tout petit. Je dois dire que le Lusail Stadium est magnifique. J'aperçois Omar Da Fonseca** à quelques mètres de moi, qui commente la soirée pour BeIn Sports. J'y reviendrai.

Le match commence. Très vite, la France est menée deux à zéro. Le deuxième but est très symbolique : les Français sont en retard sur tout de bout en bout. Au-delà du score, on assiste à soixante-dix minutes de rien. Le néant. On ne reconnaît pas les Bleus. On n'a jamais été aussi mauvais. Physiquement, on est battus dans tous les duels. C'est terrible. Et je ne comprends pas pourquoi. J'aimerais demander à Antoine Griezmann – peut-être dans dix ans car je pense qu'il ne le dira pas avant – de me raconter sa finale ; honnêtement, c'est son cousin qui joue ce soir-là. Adrien Rabiot aussi n'est que l'ombre de lui-même. Ces gars-là, après tout, ne sont pas des robots. Une défaillance peut survenir. Le problème, c'est qu'ils sont plusieurs à la vivre le même jour.

La déception, c'est comme le bonheur : il ne faut pas la cacher. Alors je la laisse transparaître dans mon commentaire. Je suis triste de voir qu'on passe à côté de cette finale. Heureusement que ça s'est arrêté, parce que ça aurait été le pire moment de ma carrière. Ça a été soixante-dix minutes de souffrance. Le pire cauchemar de tout commentateur. Mais, à la 80e minute, le destin de ce match va basculer.

Penalty pour la France. Lorsque Kylian Mbappé pose le ballon, je me dis que s'il marque, le match n'est plus le même. Mbappé est né pour ce genre de moment et évidemment qu'il transforme le penalty. Il reste dix minutes à jouer et ce n'est pas le bout du monde, ils peuvent le faire ! Le stade vient de s'éteindre. Les Argentins ont peur. Même en étant parfaits, même en faisant leur meilleur match de la compétition, ils ne mènent que d'un but et ils ont en face d'eux ce génie qu'ils connaissent par cœur et qui vient d'amorcer le rebond de son équipe.

Les deux minutes trente qui passent là sont exceptionnelles. Tout est énorme. D'abord, Mbappé va chercher le ballon au fond des filets du but argentin en rameutant ses partenaires, comme dans un match de cour de récré. Un truc de gamin, quoi. Puis, lorsque le jeu reprend, Coman vient, tel un symbole, chiper la balle dans les pieds de Lionel Messi. Après un une-deux de haute voltige, le ballon arrive à Mbappé. Le grand joueur qu'il est ne prend pas le temps de contrôler. Il sait qu'il n'y a qu'un geste à faire pour être certain de marquer : la reprise de volée. Sa gestuelle est magnifique. Il est à 150 % dans le moment, dans son corps, dans son cerveau hyper rapide. Son enchaînement de prises de décision et sa réalisation corporelle sont incroyables. Le gardien de but argentin, Emiliano Martinez, effleure la balle, mais cela ne suffit pas. La France égalise.

Et alors là, mon ami… Je m'en souviendrai toute ma vie. Je me lève de mon siège, et pendant dix secondes, le temps que Mbappé arrive au poteau de corner pour fêter le but avec tous ses partenaires, il y a un deuxième moi qui quitte mon corps. Je te jure. Physiquement, je m'élève, je monte au-dessus de moi-même. Je vais vers le haut alors que Bixente, lui, va vers le bas. Il pousse un cri qui dure plusieurs secondes tout en se repliant sur lui-même. Il m'a confié après le match qu'il avait failli tomber dans les pommes et s'exploser le nez sur la table devant lui ! Moi, je partais vers le ciel. Un grand moment. Quand je suis revenu à moi, je me suis demandé ce que j'avais bien pu raconter pendant ces dix secondes. Je n'en avais aucune idée ! J'étais comme tous les gens en France devant leur télé, dans les fan zones, qui hurlent, qui se sautent dans les bras… et qui n'écoutent jamais le commentaire ! Je tombe régulièrement sur des vidéos sur YouTube de ces deux minutes entre le premier et le deuxième but français. C'est un truc de fou. Tu passes de la sidération négative la plus totale à l'espoir le plus vif, parce qu'à ce moment-là tu te dis que ça va continuer et qu'on va leur en mettre quatre ! Il n'y a que le foot qui peut nous mettre à trente millions à ressentir un truc pareil. Ça n'a pas de prix.

J'essaie de reprendre mes esprits, de me remettre en place nerveusement et psychologiquement. Il faut que je reste dans le match pour retranscrire la grandeur, la portée historique de ce qui vient de se passer. On vient de vivre quelque chose qui montre que le foot est un sport unique. J'aime mettre en perspective ce qui se passe sous mes yeux. Les prolongations commencent, on se retrouve dans le scénario d'un boxeur que tu as mis K.O.… mais ce con se relève ! Et il faut encore se battre un round. Le rythme est effréné, j'ai l'impression de recevoir des shots d'adrénaline réguliers qui me font accéder à un état d'hypra-lucidité. Je suis complètement dans mon match, alerte, rapide. Je m'éclate.

Messi marque le troisième but pour l'Argentine, son deuxième personnel de la soirée. Pour moi, ce n'est pas fini, le match est trop fou, et Mbappé doit lui répondre et en mettre un troisième. C'est son destin. C'est ce qui se produit à la 118e minute, avec un nouveau penalty pour les Bleus. Trois partout.

Le seul regret que j'ai, c'est sur la dernière action, celle du face-à-face de Randal Kolo Muani avec le gardien argentin, où je ne suis pas totalement dans le moment alors que je l'ai été pendant tout le match. Sur le coup, je ne prends pas conscience que la finale vient de se jouer là. J'essaie toujours de ne pas mettre l'accent sur la faute d'un joueur. Alors j'en fais des tonnes sur la parade d'Emiliano Martinez et je ne parle pas de l'énorme occasion manquée de Kolo Muani. En même temps, je l'aurais tué, ce gosse de 24 ans, si j'avais épilogué sur son geste. C'est quelque chose que je me refuserai toujours de faire. Quelle occasion immense... mais je n'ai pas le temps de rester sur cette action. À ce moment du match, ça part encore de tous les côtés.

Finalement, c'est la séance de tirs au but qui départage les deux équipes. J'essaie de ne pas la survendre, de ne pas dire qu'on va être champions, parce que je sais au fond de moi qu'on ne le sera sans doute pas. Comme tous les fans de foot, je sais très bien qu'il y a trois chances sur quatre que les Bleus soient battus : Martinez est en feu alors que Hugo Lloris n'est pas du tout un spécialiste des penaltys. Je suis centré sur le terrain, je ne veux rien louper. Mais, quoi qu'il arrive maintenant, on aura vécu un truc incroyable.

C'est l'Argentine qui devient championne du monde. J'ai tellement de tristesse dans la voix... J'ai envie de poser mon micro, de dire à Denis Brogniart*** à Paris de s'occuper tout seul de la fin du direct. Mais il y a encore la remise de la coupe à commenter. Je n'ai pas envie. J'ai tout donné. Je suis exactement comme les joueurs : je ne veux pas aller chercher ma médaille et passer devant la coupe. Encore une fois, j'essaie de mettre en perspective l'événement exceptionnel auquel on vient d'assister. Des gamins vont devenir fans de foot après ce match, on en parlera encore dans soixante ans. Mais une fois que tu as dit ça, et ça prend deux minutes, tu n'as plus qu'une envie : sortir de là. On se regarde, Bixente et moi. On est tristes, mais quel match ce fut. Quel match.

J'élargie à nouveau mon champ de vision et je tombe sur Omar Da Fonseca, écharpe albicéleste nouée autour de la tête, en train de chanter : « *Argentina ! Argentina !* » J'ai envie de le tuer ! Le stade est quasiment vide quand nous partons. Je tente de prendre les ascenseurs mais ils ne fonctionnent pas car il y a trop de monde. Je me dirige alors vers l'escalier et malheureusement je l'emprunte en même temps que… Omar Da Fonseca ! On s'entend très bien Omar et moi, on a commenté ensemble sur Canal+, mais ce jour-là il est insupportable. Je lui en ai voulu d'en avoir fait des caisses devant tous les commentateurs français. D'ailleurs, le lendemain, il a continué à l'aéroport et je crois avoir été désagréable avec lui ! Je n'avais pas envie que quelqu'un m'empêche de profiter de mon bonheur d'avoir vu un tel match.

---

* Petits carrés de papier de couleur que les spectateurs lancent des tribunes, surtout en Amérique latine.

* Consultant télé et ancien joueur argentin ayant fait la majeure partie de sa carrière en France.

* Présentateur du « Mag » de la Coupe du monde de football, diffusé après les matchs sur TF1.

Merci à José Carlin Pérez et à toute l'équipe d'En Exergue d'avoir compris ce que je voulais faire et de m'avoir fait tant confiance.

Merci à Florence Lecuyer de m'avoir accompagné avec bienveillance et énergie dans cette aventure nouvelle pour moi.

Merci à Émilie Satt, ma femme et mon amour, de m'avoir poussé et d'y avoir cru parfois plus que moi.

Merci à César. J'ai hâte de t'emmener pour la première fois dans un stade.

Merci à mes parents. Spéciale dédicace à ma mère qui a accepté que mes anniversaires se passent souvent devant la télé pour un match de l'Euro ou de la Coupe du monde ! Quand ce n'était pas carrément pendant le sien...

Je dédie aussi ce livre à Joseph Donyo, malheureusement disparu avant sa parution. Une pensée toute particulière à Louise, Élisa et Maïa.

Un grand merci à Soufyane Guesmia, Hervé Mougin et à tous les Irrésistibles Français ; à Aurélien Fiaux, Florence Faissat, Thibault Sattonnet, Céline Portales, Djibril Cissé, Pascal Barbe, Fred Zahn, Christian Puech et Louis Gadd pour leur aide précieuse sans laquelle ce livre n'aurait pas été possible.

Un immense merci à mes précieux quarante témoins pour leur confiance et leur générosité.

Pour finir, merci à Michel Platini, Zinédine Zidane, Kylian Mbappé, Dominique Rocheteau, Antoine Griezmann, Rachid Mekhloufi, Didier Drogba, Jean-Pierre Papin, Basile Boli, Ludovic Giuly, Pelé, Alain Giresse, Claude Papi, Jean Tigana, Luis Fernandez, David Ginola, George Weah, Youri Djorkaeff, Bixente Lizarazu, Laurent Blanc, Djibril Cissé, David Trezeguet, Franck Ribéry, Chris Waddle, Raí et tous les footballeurs du monde de nous faire vivre d'aussi extraordinaires émotions.

## VOTRE MATCH

ILLUSTRATION DE COUVERTURE :

Aurélien Fiaux

UN GRAND MERCI À :

Thierry Agnello

Gilles Castagno

Pascal Collardey

Michel Kollar

Fabrice Lamperti

Christophe Senecot

Norbert Siri

Pour nous avoir ouvert leurs collections uniques de billets de matchs

Achevé d'imprimer en mars 2025
par Grafiche AZ à San Martino Buon Albergo (Vérone, Italie).